COMPLACIENTE CON LA GENTE

UN ESTUDIO DE OCHO SEMANAS ACERCA DE AGRADAR A DIOS SOBRE TODOS LOS DEMÁS

AMANDA KELSCH

Traducido al Español por:

NATALIE GARCIA

Este libro está dedicado a mi esposo. Mientras salíamos de novios, leímos un libro *Wild at Heart* juntos. Nick imprimió una cita de este libro, lo enmarcó y me lo dio como regalo. Decía: "Esse quam videri. Ser en vez de aparentar."[i] Esta cita del libro ha sido nuestra consigna, ya que hemos luchado juntos contra la conformidad con el mundo durante casi trece años. Estoy tan agradecida de que no solo con Dios, sino también con mi esposo, puedo simplemente ser y no aparentar ser.

Gracias por amar a mi verdadero yo. Te quiero tal y como eres.

* * * * * * * *

Me gustaría agradecer especialmente a Natalie García por sus muchas horas de trabajo y compromiso a la excelencia. Fue su pasión por acercarse a Dios y su visión de compartir con otros un mensaje que la impactó lo que la llevó a traducir este libro. Su disciplina y sacrificio para servir a los demás es inspirador, y estoy muy agradecida por su colaboración en este proyecto.

Todas las referencias bíblicas son de la *Nueva Versión Internacional* (NVI), a menos que se indique lo contrario.

Todas las definiciones Griegas y Hebreas de términos bíblicos son de www.blueletterbible.com

Tabla de Contenido

EL PRÓLOGO

Semana Uno: 4
   ¿Qué significa ser complaciente con la gente? 4

Semana Dos: 28
   Amoldarse al Mundo 28

Semana Tres: 48
   Las Múltiples Caras de la Vanidad 48

Semana Cuatro: 78
   La Falsedad 78

Semana Cinco: 102
   Conflicto 102

Semana Seis: 123
   Las Relaciones 123

Semana Siete: 144
   Encontrando la Paz 144

Semana Ocho: 165
   Complacer a Dios 165

Prólogo de la Autora

Escribo este libro como una complaciente arrepentida.

No soy psicóloga ni psiquiatra. No pretendo ser una experta en codependencia o límites. No puedo hablar sobre la forma en que su pasado lo ha moldeado o cómo lidiar con la enfermedad mental en la vida cotidiana. Hay otras fuentes maravillosas para consultar estas perspectivas que pueden ser necesarias además de este libro. Mi maestría es en Literatura Inglesa y mi experiencia en ser cristiana. Mis respuestas para ti son completamente bíblicas.

En Eclesiastés 1:9, Salomón nos recuerda que "no hay nada nuevo bajo el sol." Esto no suele ser una gran noticia para un autor. Sin embargo, me he dado cuenta de que no necesito una nueva teoría para ofrecer a mis lectores. Lo que te ofrezco es la historia de mi arrepentimiento y las percepciones bíblicas que han construido las convicciones por las que ahora vivo. Complacer a la gente es mi naturaleza, siempre lo ha sido y siempre lo será, pero estoy profundamente convencida de cómo mi complacencia hiere a los que me rodean y finalmente hiere a Dios. Esta es mi motivación para cambiar. No es un deseo de mayor autoestima sino de un caminar más cercano con Dios y un amor más sincero por los demás. He cambiado significativamente y me esfuerzo por buscar en lo más profundo de mí misma para seguir arrepintiéndome. Mi oración es simplemente que Dios me guíe a la comprensión de las Escrituras que me ayudarán a encontrar confianza en Él y que pueda compartir esta perspectiva con otras mujeres. Espero que mi viaje te sea útil.

Mi mayor preocupación por mis lectores no es que estén sobrecargados de trabajo y cansados (aunque estos son subproductos de complacer a la gente), sino que en el proceso de estar sobrecargados de trabajo y cansados, su relación con Dios no se dañe gravemente o se pierda. Mi objetivo es ayudarte a descubrir las partes de tu carácter que de uno u otro modo te alejarían de una relación plena con Dios.

La raíz de la complacencia a la gente es el temor al hombre más que a Dios. No se trata tanto de hacer lo que da placer o satisfacción a los demás si no de hacer lo que nos protege de las reacciones de los demás que nos asustan. Mediante esta jornada de aprendizaje, me gustaría que cambiaras tu miedo a la gente por la fe en Dios. Espero que descubras cómo la humildad ante Dios puede realmente darte poder y guiarte a la confianza que deseas.

A veces, durante este proceso, me he preguntado si me estoy enfocando demasiado en los mensajes duros de Dios y no lo suficiente en Su amor incondicional. Después de todo, sentirse seguro en el amor de Dios por nosotros es lo que, en última instancia, debe darnos la confianza para enfrentar al mundo sin sentir la presión de complacerlo. Pero Jesús a menudo daba sermones en los que se enfocaba por completo en las enseñanzas duras que Dios le envió a la tierra a predicar. A menudo era severo. Estaba enojado por lo que la humanidad estaba eligiendo hacer con el libre albedrío que les dio su padre, especialmente dentro de la comunidad religiosa. No siempre comenzó o terminó con un recordatorio del amor de Dios. A veces simplemente les reprendió. Hay muchos libros disponibles que te harán llorar con recordatorios del afecto de Dios por ti. Me encanta leerlos, pero creo firmemente que el mensaje general de este libro es igualmente necesario. Hablaremos sobre el amor de Dios en las próximas ocho semanas, pero también veremos detenidamente nuestros corazones. Le pido a Dios que me acompañes a lo largo de esta jornada hacia una vida que agrada a Dios.

Prólogo de la Traductora

La decisión de traducir este libro comenzó con el deseo de compartir este recurso invaluable con las mujeres del grupo familiar de la iglesia; nuestro grupo incluye miembros que solo hablan Español, y mi deseo era que todas aprendamos juntas. Doy gracias a Dios por este grupo de hermanas, sus corazones para alentar y perseverar conmigo mientras traducía lentamente para que todas podamos compartir juntas cada mes en nuestra reunión. Además, agradezco a mi querida amiga y hermana en Cristo Zaira Sánchez quien tomaba el tiempo para ayudarme a procesar lo que estaba aprendiendo. Aunque vive en otra parte del país, usó su talento en la lengua de español y revisó mi primer borrador de traducción. Indudablemente, mi esposo Israel Garcia, quien siempre se interesa en mi crecimiento espiritual se unió a estudiar este libro para su propio crecimiento. Aunque este libro está escrito para mujeres, Israel vio la gran necesidad de este material para los hombres. Su meticulosa revisión para finalizar una traducción e interpretación estándar más aceptable de este valioso libro fue increíblemente valorable.

¿Cómo llegué a éste recurso? Bueno, después de más de 30 años de caminar con Jesús, me llegué a encontrar en lo que parecía un muro espiritual. Mis prácticas espirituales, como dirigir grupos familiares con mi esposo y hacer discípulos, habían perdido su sentido de maravilla. Había estado buscando respuestas en la Palabra de Dios, pidiéndole a Jesús que me mostrara lo que me estaba faltando. Algo no encajaba y me sentía espiritualmente estancada. Buscando la respuesta, además de orar y leer la Palabra de Dios, leí libros muy beneficiosos como: *Boundaries* de Henry Cloud, *Emotionally Healthy Spirituality* de Peter Scazzero, *The Emotionally Healthy Woman*, *The Metanoia Method* escrito por Kent y Heather McKean, y *Codependent No More* por Melody Beattie. Después de un tiempo, en el 2022, durante la Conferencia Mundial del Discipulado en Orlando, mi esposo señaló hacia una mesa en la sala de venta de libros precisamente a este libro de trabajo, *People Pleaser*. Este libro Dios lo ha utilizado como catalizador y un profundo despertar espiritual para mi, mi esposo y mi grupo familiar.

Esta serie de estudios bíblicos de ocho semanas, me llevó por un viaje de descubrimiento, Dios me mostraba que complacer a la gente, en su esencia, es una forma de idolatría - un acto de amar la aprobación de los demás o amarme a mí misma más que al Creador. Como vemos en las Escrituras, la idolatría siempre nos dejará vacíos e insatisfechos. Cada semana era más consciente del impacto de mi cultura, mi formación, las normas sociales, y de cómo éstas moldeaban e influían en mi tendencia a dar prioridad a la aprobación de los demás antes que a la de Dios. A menudo, inconscientemente, me encontraba confundiendo el principio del discipulado cristiano de negarse a sí mismo, con el hacer las cosas sin el corazón detrás y de negar y confrontar el pecado. Confundiendo la realidad de que muchas veces, estaba haciendo "el bien" cuando en esencia sólo quería agradar a la gente o verme como un buen ejemplo. Cuando me di cuenta de esto, me sentí agradecida de que Dios en su gracia, me permitió ver y ayudó a despertar y me ha enseñado la razón y la salida de mi estancamiento espiritual. Aun soy obra en progreso, estoy emocionada por todo lo que Él seguirá haciendo en mi vida.

Ahora, al presentarte esta labor de amor, mi más ferviente súplica es que te sirva de guía en tu propio viaje espiritual. Que descubras, el increíble plan que Dios ha preparado para ti. Un plan sin cadenas de complacer a nadie más antes que complacer a El. Que Su inquebrantable apoyo, bondad, paciencia y gracia te acompañen en cada paso de tu camino.

Semana Uno:

¿Qué significa ser complaciente con la gente?

Escritura para Memorizar para esta Semana:

> *"confío en Dios y no siento miedo. ¿Qué puede hacerme un simple mortal?"*
>
> *(Salmos 56:11)*

Escriba este versículo en una tarjeta y colóquela en un lugar que verá varias veces al día, como en el espejo de su baño, el tablero de su automóvil, la pared de su cubículo en el trabajo o el escritorio donde estudia.

* * * * * * * *

Dia Uno: La Respuesta de Dios a ser Complaciente de la Gente

"¡Fariseo ciego! Limpia primero por dentro el vaso y el plato, y así quedará limpio también por fuera."

~ Mateo 23:26

Cuando Ananías se acercó a la casa donde estaban reunidos los discípulos, pudo oírlos cantar uno de los Cantos de las Ascensiones, "Oración por la Liberación de los Traicioneros". Parecía apropiado considerando que el mismo tribunal que había exigido la crucifixión de Jesús basándose en cargos falsos acababa de amenazar a Pedro y Juan para que dejaran de predicar. Ananías una vez había confiado en el juicio de Caifás en todos los asuntos, pero ¿quién podría confiar en cualquiera de los líderes judíos en la actualidad? Las voces se elevaban dentro del hogar, cantando: "Líbrame el alma, oh Señor, de los labios mentirosos, de la lengua engañosa".

Un nuevo hermano en Cristo, con el pelo de la barba todavía mojado por su bautismo, salió por la puerta principal y abrazó a Ananías. "¡Hermano!" exclamó el hombre. Miró la bolsa de monedas en la mano derecha de Ananías y sonrió. *"¡Dios te recompensará!"* dijo en voz suficientemente alta como para llamar la atención de los que lo rodeaban.

"Mejor dar que recibir", respondió Ananías con un movimiento de la mano falsamente modesto como si rechazara el elogio.

Ananías recordó por un momento su propio bautismo unas semanas antes. Había salido del agua sintiéndose renovado y vivo, pero la sensación se había desvanecido rápidamente. Todos los días él y su esposa se lamentaban juntos sobre su desgracia de ser residentes de Jerusalén. ¿Por qué era su responsabilidad apoyar a miles de discípulos? Tenían la esperanza de tener un bebé ese año, pero se preguntaban cómo podían alimentar a un niño considerando que alimentaban a una docena de bocas cada día.

Nadie más parecía molesto por la situación. Ananías consideró confiarle a alguien su resentimiento, pero estaba seguro de que nadie entendería sus sentimientos. Precisamente al día después de la comunión, un hermano comentó sobre el entrecejo que tenía en el rostro Ananías. Cuando hizo un comentario sobre la disminución de sus ahorros, el hombre se rió y señaló a la habitación: *"¡Qué pequeño precio a pagar por la gloria de Dios!"*. Fue fácil para él decir; no pagó por el vino.

Es cierto que Sapphira tenía un mejor corazón para esos asuntos que él. Después de que Bernabé vendió su tierra y puso el dinero a los pies del apóstol, ella miró a su esposo con lágrimas en los ojos y él supo que estaba pensando en su propiedad. Estuvo de acuerdo en venderlo, pero solo daría una parte a la iglesia. Necesitaban dinero para su futuro. Sabía que probablemente todos esperaban que vendiera todo lo que poseía de todos modos. Todos los demás lo estaban haciendo; ¿cómo podría negarse? sentía como si los ojos acusadores estuvieran sobre él cada vez que alguien más entraba a la comunidad con su donación. Al menos si guardaba un pequeño nido de ahorros escondido en su casa, nadie lo molestaría por eso.

Cuando vio a Pedro parado al frente de la sala, su corazón comenzó a acelerarse. Miró la bolsa de dinero que tenía en la mano y la levantó para sentir su peso. Era una buena cantidad de dinero, nada de qué avergonzarse, se dijo. Estaba siendo más que generoso. Por lo que sabía, estos otros discípulos regresarían a casa la próxima semana, y él se quedaría sin nada si daba todo lo que había ganado de la tierra. Pedro no tenía idea de cuánto valía la tierra. Seguramente asumiría que era la cantidad total y nadie se daría cuenta. Ananías respiró hondo y se puso de pie un poco más alto mientras se justificaba internamente. Era tan buen hombre como Bernabé, pero no tan espontáneo y tonto. Ya era hora de que alguien lo elogiara por todo lo que estaba haciendo.

Ananías dio un paso adelante y silenciosamente colocó la bolsa con el dinero en el suelo frente a Pedro. Cuando miró hacia arriba y se encontró con los ojos del apóstol, vio que estaban llenos de indignación y desilusión. El aire de la habitación pareció cambiar cuando Pedro empezó a hablar. Las conversaciones de decenas de discípulos reunidos esperando ansiosamente la enseñanza de los apóstoles ese día se callaron cuando la ira de Pedro aumentó.

¿Por qué has concebido este acto en tu corazón" *Ananías, ¿por qué ha llenado Satanás tu corazón para mentirle al Espíritu Santo y te quedaras con parte del precio de la tierra? ¿Acaso no era tuya antes de venderla? Y después de venderla, ¿no estaba el dinero bajo tu control? No has mentido a los hombres sino a Dios."*

Antes de que nadie pudiera comprender lo que estaba sucediendo, Ananías cayó al suelo.

Lea Hechos 5:1-11.

Esta historia puede sonar dura. El castigo puede parecer demasiado severo para el crimen. ¿Una pequeña mentira y Dios lo mata? ¿Cómo podría un Dios de gracia y misericordia hacer tal cosa?

Para entender verdaderamente la indignación de Dios comunicada por Pedro, comencemos primero mirando los eventos que precedieron a este día. La historia de Dios y Su pueblo a lo largo de la historia ha sido de esclavitud y redención. A veces Dios permitió el sufrimiento injusto para un propósito subsiguiente, mientras que otras veces el pueblo escogió la opresión de los demás sobre la libertad de Dios. Cuando Jesus vino a la tierra, el liderazgo legalista dominaba a los judíos y los gentiles servían a los dioses y valores del mundo pagano. Jesús ofreció redención. En el libro de los Hechos, vemos cómo Dios hace Su oferta a través de sus discípulos a miles de personas en todo el mundo conocido en el primer siglo. Él ofrece libertad absoluta: de la muerte, del pecado, de Satanás, de la presión de adherirse perfectamente a toda ley, del miedo, de ser esclavizado y controlado por el hombre. Era una oferta irresistible.

Al comienzo del libro de los Hechos, el sermón de Pedro en Jerusalén marca el comienzo de la iglesia cristiana. Estamos al tanto de solo una parte de este mensaje (2:40), pero dentro de esto, él resume parte de la historia del pueblo de Dios y el destino brutal de Jesús del cual todos somos responsables. También termina con una promesa de que aquellos que se arrepientan y sean bautizados pueden ser limpiados de todos sus pecados y ser llenos del Espíritu Santo (2:14-38).

Estas miles de personas se quedaron en Jerusalén, dejando atrás sus hogares y familias para quedarse y aprender de los apóstoles que habían caminado con Jesús durante años y podían contar sus mismas palabras, comulgando con estos hombres que habían comido la Última Cena con Jesús y que literalmente había visto el cuerpo de Jesús destrozado y su sangre derramada por su pueblo, y orado con las mismas personas que oraron con Jesús y vieron el poder de Dios quebrantar milagrosamente todas las leyes de la naturaleza y la lógica una y otra vez. Estos nuevos cristianos vieron a los apóstoles realizar milagros y salvar más almas cada día.

Sus vidas también consistían en apoyarse financieramente unos a otros para que pudieran continuar con su comunidad de creyentes vendiendo posesiones y bienes tales como tierras y casas (Hechos 2:42-47, 4:34-37). Se menciona específicamente a Bernabé vendiendo un pedazo de propiedad y poniendo todo lo obtenido a los pies de los apóstoles, pero muchos otros hicieron lo mismo. Seguramente los demás discípulos quedaron inspirados y asombrados cada vez que presenciaron tal sacrificio, y muchos continuaron siguiendo el ejemplo de los demás.

Lea Hechos 4:32-35. ¿Cómo te habrías sentido ser parte de esta comunidad? ¿Cómo afectaría tu fe y corazón para Dios?

_____

_____

Solo podemos especular sobre la verdadera naturaleza del corazón de Anania y sus motivos para retener algunas de las ganancias de su tierra. Me imagino que lo que le fue revelado a Pedro a través del poder del Espíritu Santo fue un corazón más oscuro y más endurecido que lo que es evidente a través del breve relato de las acciones de Ananías. Lo que sí sabemos es que Pedro vio su naturaleza complaciente con la gente. Señala que Annias tenía control total sobre su vida y sus decisiones. Nadie le obligaba a hacer nada. Sus motivos se basaban en seguir el ritmo de las acciones externas de los demás en lugar de emular corazones de fe, gratitud y amor. Todos los creyentes eran de un solo corazón y mente, pero no Ananías y Safira.

No hay explicación para el engaño de Ananías además de complacer a la gente. No pudo haber tenido miedo al castigo; nadie estaba obligado a vender todo lo que tenía y dárselo a la iglesia para obtener la admisión. Eran ofrendas voluntarias. Tal vez esperaba impresionar a los apóstoles y otros discípulos, o tal vez quería hacer lo suficiente para ajustarse a la norma. Lo que está claro es que Ananías y Safira confiaron en los ojos del hombre como más poderosos y valiosos que los ojos de Dios.

Pedro comunicó el corazón de Dios en su respuesta. Ananías había mentido no solo a los hombres, sino también a Dios. Era más que una mentira. Ananías estaba eligiendo un estilo de vida. Él y su esposa estaban optando por la lealtad a los valores del mundo que se suponía que habían dejado de lado a cambio de la gloria de Dios. Los otros discípulos estaban arriesgando sus vidas por causa del evangelio. Miles de personas que se bautizaron con ellos en ese momento habían decidido que si Jesús estaba dispuesto a dar su vida por ellos, ellos arriesgarían la suya por él. Ananías y Safira estaban más preocupados por su reputación.

¡Qué insulto a Dios! Qué insulto para el pueblo de Dios, muchos de los cuales pagaron el precio más alto por su fe.

Puede que nos sorprenda la consecuencia de las acciones de Ananías y Safira, pero Dios actúa con toda sabiduría, amor y presciencia. ¿Qué le hubiera pasado a la iglesia si todos tuvieran el mismo carácter y estuvieran tomando las mismas decisiones que Ananías y Safira?

_____

_____

Un comentario dice:

> El pecado nos ciega a la verdadera naturaleza de la ofensa: que nuestro pecado es contra Dios. El pecado también nos ciega para que elijamos ganancias a corto plazo en esta vida, sin importarnos las pérdidas a largo plazo en la próxima. Para Ananías era la posibilidad de ser alabado por su generosidad mientras mantenía un ahorro seguro para su esposa.... Los cristianos deben darse cuenta de que la comunión transparente y desinteresada de la iglesia nunca debe ser violada por la hipocresía egoísta. .ii

El cristianismo estaba destinado a ser un nuevo pacto lleno de aquellos que habían elegido una nueva vida. Jesús había pasado gran parte de su tiempo en la tierra predicando contra el supuesto culto del día contaminado por el egoísmo y la hipocresía. Murió para que tengamos algo más.

Lea Mateo 23:1-32. ¿Por qué Jesús estaba tan molesto con la preocupación de los fariseos por la apariencia externa?

_____

_____

¿Qué semejanzas ves entre Ananías y los fariseos?

_____

_____

Vemos imágenes similares en Ezequiel 22:28 cuando Dios dice que los "*profetas untaban con agua de cal [el pueblo], viendo visiones falsas y adivinando mentiras*". Según Números 19:16, entrar en contacto con un cadáver o una tumba lo llevaría a estar impuro durante siete días. Por lo tanto, una vez al año, los judíos blanqueaban las tumbas para que se notaran más y los transeúntes no las tocaran o caminaran sobre ellas accidentalmente. Un comentario comenta que Jesús no sólo declara que los fariseos tenían la apariencia de pureza aunque sus corazones *eran impuros, sino que el grado de su perfección exterior debería señalar un problema con sus corazones. "De hecho, podría decirse que su aparente pureza excepcional era una advertencia de corrupción interna, una señal que señalaba una contaminación oculta. La religiosidad obstructiva [y] la escrupulosidad enfática son señales de orgullo y justicia propia, completamente ajenas a la verdadera devoción y santidad."*[iii]

Aunque es posible que no compartamos el mismo orgullo que los fariseos seguidores fanáticos de las reglas, la perfección externa aún debe ser una preocupación en la iglesia de hoy. La prevalencia de escándalos dentro del cristianismo puede ser preocupante. La respuesta del mundo es que los cristianos no son diferentes que los demás, y nuestras afirmaciones de una vida diferente son falsas. La respuesta de la iglesia a menudo es que los hipócritas que hemos visto revelados nunca fueron verdaderamente cristianos en absoluto. Este puede ser el caso a veces, pero no siempre es la respuesta. ¿Por qué conozco cristianos que han hecho cosas peores que mi vecino que no proclama a Dios?

Uno de los deseos de Dios para Su iglesia es que nos permitamos ser nosotros mismos para poder ayudarnos unos a otros a prevalecer sobre el pecado. Trabajar para presentar la versión blanqueada no solo cubre la decadencia, sino que en realidad conducirá a ella. Desafortunadamente, una de las tentaciones en la vida de un discípulo es la solución fácil de limpiar nuestro exterior mientras descuidamos el interior. Queremos tener las vidas que vemos de aquellos a quienes admiramos, pero tratamos de pasar por alto los años de batallas espirituales que tomó llegar a ese punto.

Combinar complacer a la gente con el cristianismo muy seguramente vamos a encontrar a un hipócrita. ¿Por qué encontramos con tanta frecuencia esqueletos en los armarios de los cristianos? Tal vez porque mantuvieron el armario en primer lugar. Si no hubiera estado ahí, si no hubiera opción de esconderse, las tentaciones habrían sido expuestas antes de dar a luz al pecado y eventualmente conducir a la muerte espiritual (Santiago 1:15). Cualquier cónyuge o padre puede atestiguar el hecho de que queremos ver el auténtico y verdadero yo de cualquier miembro de nuestra familia, no una fachada. Dios quiere lo mismo en Su casa.

En tu deseo de deshacerte de complacer a la gente, ¿cuál es tu principal motivación?

_____

_____

¿Por qué tu motivación debe ser por el bien de Dios en lugar de ser para ti mismo?

_____

_____

Dios continúa haciéndonos la oferta irresistible que se hizo a los judíos en Jerusalén el día de Pentecostés. Junto con las historias inspiradoras de conversiones, vemos que aún más personas rechazan la oferta de Dios a lo largo de Hechos. Aparentemente, era demasiado bueno para ser verdad para la mayoría de los oyentes, especialmente para las multitudes judías. Pablo y Bernabé se dirigen a ellos: "Pablo y Bernabé les contestaron valientemente: «Era necesario que les anunciáramos la palabra de Dios primero a ustedes. Como la rechazan [la palabra de Dios] y no se consideran dignos de la vida eterna, ahora vamos a dirigirnos a los gentiles." (Hechos 13:46b). ¿Cómo es ser complaciente con la gente lo mismo que rechazar a Dios?

_____

_____

No vivimos en esclavitud física, pero a menudo estamos cautivos en la trampa de complacer a la gente. Nos acobardamos ante la supuesta autoridad de la mayoría y sucumbimos al poder de la culpa y el miedo. Dios quiere que seas Su hija, y El quiere extenderte la libertad y la protección que solo el Rey de toda la creación puede brindarte.

Día Dos: ¿Qué es un complaciente con la Gente?

"Sólo hay una forma de evitar las críticas: no hacer nada, no decir nada y no ser nada".

~ Aristóteles

Cuando escuchas el término "***complacer a la gente***", ¿en qué piensas?

_____

_____

Querer que los demás aprecien, respeten y disfruten estar cerca de nosotros es un deseo natural. Si estás leyendo esto, ¡probablemente eres una persona muy agradable! Sabemos que complacer a las personas se ha vuelto demasiado importante para nosotros, cuando ese deseo nos lleva a acciones injustas o formas de pensar poco saludables

Los complacientes están demasiado preocupados por los pensamientos y las percepciones de los demás, más influenciados por la opinión popular que por la Palabra de Dios, excesivamente molestos cuando otros no están contentos con ellos y preocupados por los pensamientos de su imagen. A menudo son agradables, simpáticos, complacientes y considerados en el momento, pero más tarde pueden volverse amargos y resentidos por "***que se aprovechen de ellos.***" Pasan demasiado tiempo repitiendo incidentes una y otra vez en sus mentes analizando sus propias palabras y las reacciones de las personas. Los complacientes tienden a decir que sí a todo el mundo. Se esfuerzan demasiado tratando de cumplir con las expectativas de todos para no sentirse culpables por decepcionar a nadie. Para mantener la paz, los complacientes mienten, engañan, evitan conflictos, calumnian y dan excusas. Se agotan física y emocionalmente mientras se mueren de hambre espiritualmente. Tienen muchos conocidos, pero todavía se sienten solos porque tienen muy pocos amigos verdaderos en los que puedan confiar.

Tómese un momento para considerar cuántas personas ha conocido en su vida. Un verano durante la universidad tuve un trabajo breve en ventas directas. Durante la primera sesión de capacitación se nos dio un minuto para escribir una lista de todas las personas que conocíamos. En ese minuto anoté casi cien nombres. Imagínese si me hubiera tomado una hora para recordar a cada persona que había conocido. Seguramente hay cientos más que ni siquiera recuerdo.

Dentro de cada persona complaciente está el deseo completamente irreal de ser querido por todos. Esta carga opresiva pesa más sobre nosotros cuantas más personas conocemos.

Si buscas en Google "***qué primera impresión doy***", encontrarás al menos 100 cuestionarios que podrías realizar, incluido uno sobre cuál de las partes de tu cuerpo notan primero las personas. También encontrarás muchos consejos sobre cómo mejorar tu primera impresión dentro del mundo empresarial o social. También se le informará que los demás se forman una opinión sobre usted en tres minutos. Eso es mucha presión. Básicamente, eso significa que necesito estar en mi juego A todo el tiempo. Significa que de las miles de personas que he conocido en mi vida, la probabilidad me diría que a muchas de ellas no les caí bien.

No podemos complacer a las masas, pero a menudo sentimos la necesidad de hacerlo.

¿Cómo te sientes cuando crees que alguien tiene una opinión negativa de ti?

_____

_____

Lea Lucas 6:20-23. ¿Por qué Jesús dice que debemos regocijarnos cuando otros nos odian, excluyen e insultan?

_____

_____

enseñanza es una píldora difícil de tragar, pero Jesús entendió cómo nuestra necesidad de afirmación podría impedirnos seguirlo. Él advierte a sus seguidores: *"¡Ay de ustedes cuando todos los elogien! Dense cuenta de que los antepasados de esta gente trataron así a los falsos profetas."* (Lucas 6:26). Lo admitiré ahora mismo, que todos los que he conocido hablen bien de mí es uno de los deseos más profundos de mi corazón. Ese deseo me impulsa. A menudo dicta lo que me pongo, cómo hablo, mis expresiones faciales y mi tono de voz. Sin embargo, Jesús me dice que no solo no debo esforzarme al máximo para asegurarme de agradarles a todos, sino que mi meta debe ser vivir una vida que garantice que este no será el caso.

¿De qué manera permites que tu deseo por la aprobación de los demás dicte tus acciones?

_____

_____

Las bienaventuranzas predicadas por Jesús justo antes de esta (vv. 20-25) son lo contrario de lo que la sociedad tiende a admirar. Los *"problemas"* de ser rico, bien alimentado, feliz y respetado son exactamente las actitudes que admiramos y perseguimos. Incluso el mundo condena el egoísmo extremo o la arrogancia desvergonzada, pero aplaude la buena reputación. Se admira a un político fluido, siempre y cuando no se encuentren esqueletos en su armario. Dios no está diciendo, ay de ti cuando eres un narcisista extremo, sino cuando somos simplemente como el resto del mundo.

A menudo no nos arrepentimos de complacer a la gente porque pasa desapercibido. Los resultados exteriores nos llevan a ser del agrado de todos, y muchas veces son incluso fruto de motivos piadosos: mansedumbre, humildad exterior, consideración, sumisión, actos de amor y bondad. La mayoría de las veces estos probablemente sean sus motivos. ¿Cómo va a saber alguien cuando tu corazón no coincide? Para el complaciente hábil, nadie más que Dios conoce tu ansiedad, amargura y descontento. Nosotros, los complacientes de la gente, podemos condenar mentalmente a los abrasivos y contundentes que nos rodean, pero al menos serán refinados porque su corazón es visible y los demás se sienten heridos por sus acciones.

Si nos tomamos en serio cambiar esta característica dentro de nosotros mismos, deberíamos esperar que se vuelva más evidente. Escribe a continuación una oración, pidiéndole a Dios que tu naturaleza de complacer a la gente se revele claramente en las próximas semanas.

_____

_____

Día Tres: Lo que no es complacer a la gente

El que siembra para agradar a su naturaleza pecaminosa, de esa misma naturaleza cosechará destrucción; el que siembra para agradar al Espíritu, del Espíritu cosechará vida eterna. ~ Gálatas 6:8

Al oír el título de este libro, la mayoría de las mujeres con las que he hablado respondieron inmediatamente con algo parecido a "Oh, lo necesito" o incluso *"¿Puedo pedir un ejemplar anticipado?."* Otras, en cambio, se rieron y dijeron: *"Bueno, eso no es para mí. Yo digo las cosas como son"*. A menudo lo hacían de forma autocrítica, tal vez admitiendo una personalidad algo áspera. Estas respuestas me revelaron algunos estereotipos asociados con la idea de un complaciente: Los mansos y callados tienen miedo de las reacciones de los demás, mientras que los francos y de espíritu libre no se sienten agobiados por esa presión.

Imagina a alguien que sea lo contrario de una persona complaciente. Enumera algunas de sus características.

___

___

Lee Tito 3:1-2. ¿Cuáles de estas características son diferentes de las que has enumerado arriba?

___

___

¿De qué manera los atributos enumerados aquí (sumisión, obediencia, consideración, humildad) suelen considerarse negativamente o como signo de alguien dócil y complaciente?

___

___

¿Cómo podría enorgullecerse de ser inconformista llevar a desobedecer los mandamientos que Pablo da en estos versículos?

___

___

Lo contrario de complacer a la gente es simple y sencillamente complacer a Dios. No es una persona a la que le gusta desafiar al sistema, ser rebelde, burlarse de los consejos y vivir de forma independiente y egoísta. Someterse a los demás, pedir y aceptar consejos, respetar la autoridad y vivir de forma interdependiente con el pueblo de Dios son todos mandamientos de la Biblia. No preocuparse por las opiniones de los demás es un rasgo positivo, si en cambio, nos enfocamos en las opiniones de Dios.

Muchas personas parecen enorgullecerse de no ser complacientes con la gente porque son individualistas. Sin embargo, esto no significa necesariamente que estén complaciendo a Dios. El hecho de que no nos conformemos con la sociedad que nos rodea no significa que nos estemos conformando a las normas de Dios. De hecho, en la mayoría de las circunstancias, estar dispuestos a sacrificar algunas de nuestras preferencias individuales para beneficiar a los demás es una actitud piadosa.

Supongo que si has elegido leer este libro, entonces debes creer hasta cierto punto que eres una persona complaciente. Sin embargo, recuerdo haber leído *Humildad*, de Andrew Murray, porque creía que yo -como cualquier otro ser humano jamás creado- podía crecer siendo más humilde, sólo para descubrir que nunca me había dado cuenta de la espantosa gravedad de mi arrogancia y orgullo. Tal vez tú también te aferres a la idea de que no te afecta en absoluto lo que piensen los demás. Desgraciadamente, diría que eso es tan común como alguien que es perfectamente humilde todo el tiempo.

Evaluar tu nivel de conformidad o de inconformismo no es necesariamente la forma de valorar hasta qué punto estás esclavizado por las opiniones de los demás. Una prueba mucho mejor es ésta: ¿Cuánto mientes? ¿Con qué frecuencia calumnias? ¿Cuánta gente cree que te cae bien cuando en realidad no es así? Cuando te das cuenta de que no te gusta alguien y se nota, ¿es más fácil que cambies tu comportamiento exterior o tu corazón y carácter interior? ¿Estás a menudo en desacuerdo con lo que dice otra persona pero sigues sonriendo y afirmando con la cabeza mientras hablan? Podemos creer que estos ejemplos son parte de ser amable y educado. Pero, ¿es mejor fingir que todo va bien pero luego actuar de forma contraria a como te han pedido, manipular la situación para salirte con la tuya, culpar a otra persona de por qué no has cumplido las expectativas y/o rebelarte en secreto? ¿O ser abierto y directo cuando no estás de acuerdo con alguien, pero luego decidir someterse humildemente porque deseas el orden y la paz? Ser sumiso no te convierte necesariamente en una alfombra donde todos te pisotean, pero tener miedo a que escuchen tus verdaderas ideas a menudo sí lo es.

Considera las siguientes frases y evalúa de 0 a 10 el grado en que cada una de ellas se refiere a ti.

_____ Me cuesta obedecer los mandamientos de Dios cuando sé que los demás quizá no entiendan lo que estoy haciendo.

_____ Permito que otros me disuadan de hacer lo que sé que es correcto.

_____ Miento o me siento tentado a mentir cuando creo que una respuesta sincera hará que alguien se enfade conmigo o piense mal de mí.

_____ Actúo de forma diferente según quién esté a mi alrededor.

_____ Me preocupa más lo que piense la gente de mis decisiones que lo que piense Dios.

_____ La mayoría de la gente se escandalizaría si supiera lo que realmente pienso y siento.

_____ A menudo me siento culpable, agobiada y presionada.

_____ Me comprometo con obligaciones sin pensarlas bien o cuando sé que no dispongo del tiempo necesario.

_____ Cuando alguien me pregunta cómo estoy, mi respuesta automática es dar una respuesta positiva, ambigua o superficial.

_____ Casi nunca le digo a alguien que creo que está equivocado.

_____ Mi preocupación por disgustar a mi jefe o a mis compañeros de trabajo me ha llevado a dar prioridad al trabajo sobre la iglesia o la familia.

_____ Si tengo poco tiempo para arreglarme por la mañana, prefiero maquillarme y peinarme a pasar tiempo con Dios.

_____ Pienso en lo atractiva que me considerarán los hombres cuando evalúo mi aspecto antes de salir.

_____ No puedo dar el diezmo porque he gastado demasiado en cosas materiales.

_____ Me resulta difícil decir que no.

_____ Soy muy indecisa porque siempre intento tener en cuenta las opiniones o sentimientos de varias personas.

_____ Muchas de mis decisiones y acciones se fundamentan en el miedo.

_____ Rara vez confieso mis pecados.

_____ Rara vez inicio una conversación con alguien para hablar de cómo han herido mis sentimientos.

_____ A menudo me convenzo a mí misma de que no estoy ofendida o herida, pero más tarde me doy cuenta de que estoy resentida o guardo rencor.

_____ Me he dejado llevar por situaciones poco prudentes o peligrosas por cortesía y por el deseo de no montar una escena ni crear conflictos.

_____ Asisto a la iglesia y a las actividades relacionadas con la iglesia con la frecuencia suficiente para estar dentro de la norma de mi iglesia y no ser visto como una persona poco comprometida.

_____ Evito el contacto con una persona cuando sé que debo tener una conversación difícil con ella.

_____ Me siento culpable si me enfado con alguien.

_____ A menudo me siento responsable por las decisiones y emociones de los demás.

_____ Después de pasar tiempo con amigos, a menudo me voy preocupada por haber acaparado la atención o haber monopolizado la conversación.

_____ Tiendo a analizar demasiado las conversaciones y me gustaría haber dicho la mayoría de las cosas de otra manera.

Señala con un círculo los dos conceptos con los números más altos. ¿Están relacionados de alguna manera? Si sólo te preocupara agradar a Dios y no a la gente, ¿cómo cambiarían estas cosas?

_____

_____

Día Cuatro: ¿Cuándo debemos complacer a los demás?

Hagan como yo, que procuro agradar a todos en todo. No busco mis propios intereses, sino los de los demás, para que sean salvos.

~ 1 Corintios 10:33

Es tentador tirar al bebé con el agua de la bañera. Si posees un espíritu de sacrificio y consideración natural por los demás, por favor no veas estos rasgos como débiles o malos simplemente porque están teñidos de complacer a la gente. Son cualidades admirables que, con un corazón puro, agradan a Dios. En cierto sentido, Pablo se consideraba un complaciente. Si esta es tu naturaleza, Dios puede usarla de grandes maneras. De hecho, al final de cada semana, he incluido una pregunta de "*pensamiento positivo*" para ayudarte a considerar cómo el agradar a la gente puede ser una buena virtud.

Muchos pueden deducir que si no es sano estar abrumado por la necesidad de satisfacer a los que le rodean, entonces la forma sana de vivir es preocuparse simplemente por lo que le hace feliz a uno mismo. Esto pareciera resolver el conflicto, pero esto no es arrepentimiento. Alejarse de complacer a la gente nunca debe conducir al egoísmo. 1 Pedro 2:16 dice: "*Eso es actuar como personas libres que no se valen de su libertad para disimular la maldad, sino que viven como siervos de Dios.*" A menudo buscamos liberarnos de la culpa y la presión que sentimos convenciéndonos a nosotros mismos de que la libertad en Cristo significa libertad de hacer realmente todo esfuerzo por vivir como Cristo. Nos despojamos de los mandamientos de Dios en lugar de despojarnos del pecado que nos enreda y nos impide obedecer a Dios (Hebreos 12:1). El verdadero arrepentimiento de complacer a la gente debería dejarnos sintiéndonos más libres mientras nos dirige a un caminar más cerca de Dios y a una mayor evidencia de su justicia en nuestras vidas.

Cuando deseamos complacernos a nosotros mismos, estamos escuchando las mentiras del mundo sobre qué es lo que nos satisfará. Seguimos siendo complacientes en el mismo sentido de nuestra conformidad con el mundo, pero no en el sentido de considerar los deseos de los demás a nuestro alrededor. Hemos visto cómo otros han satisfecho sus deseos pecaminosos, y deseamos imitarlos para encontrar nuestra propia felicidad. Nunca debemos engañarnos pensando que estamos expresando nuestra individualidad en nuestro pecado; millones han pecado de la misma manera antes que nosotros y seguirán haciéndolo después. Si buscamos un individuo verdaderamente único, el único que encaja es Jesús, completamente libre de pecado.

Hacer lo que agrada a los demás antes que a mí mismo es un acto de autonegación y de amor. Hacer lo que agrada a los demás en lugar de lo que agrada a Dios está al borde de la idolatría.

Varias veces en la Biblia se nos ordena complacer a los demás. Lea las siguientes Escrituras y escriba una breve explicación de por qué el complacer a otros es una forma positiva de "*complacer a la gente*":

Proverbios 9:8

Proverbios 22:1

_____

_____

Romanos 14:15-19

_____

_____

Romanos 15:1

_____

_____

1 Corintios 8

_____

_____

1 Corintios 10:31-33

_____

_____

Tito 2:15

_____

_____

Cuando nos enfrentamos a una situación en la que podríamos elegir una acción que otra persona desea para nosotros en lugar de lo que Dios desea, siempre debemos elegir lo que Dios desea. Cuando nos preguntamos si debemos seguir los mandamientos para agradar a los demás o elegir desagradarlos, una pregunta que podemos hacernos es: ¿Estoy tratando de beneficiar a la otra persona (de una manera que Dios vería como beneficiosa) o estoy tratando de complacer la naturaleza humana básica de los demás? No estamos llamados a complacer la naturaleza pecaminosa de los demás. Cuando otros quieren que mintamos en su favor, no les agradará que nos neguemos, pero está claro que esto es lo que agradaría a Dios.

Una antigua leyenda Cherokee cuenta la historia de un anciano que explica a su nieto que hay dos lobos dentro de cada uno de nosotros. Un lobo es el mal. Es la ira, la envidia, los celos, la tristeza, el arrepentimiento, la codicia, la arrogancia, la autocompasión, la culpa, el resentimiento, la inferioridad, la mentira, el falso orgullo, la superioridad y el ego. El otro es el bien. Es la alegría, la paz, el amor, la esperanza, la serenidad, la humildad, la bondad, la benevolencia, la empatía, la generosidad, la verdad, la compasión y la fe. El nieto preguntó a su abuelo qué lobo ganaría la batalla. El viejo cherokee respondió: "*El que alimentes*".

La analogía con nuestra propia salud espiritual es clara, pero también debemos tenerla presente al considerar los deseos de los demás en relación con nuestras acciones. ¿Qué lobo dentro de esa persona estamos tratando de alimentar? ¿Su vanidad, superficialidad, deseo de comodidad, cobardía o egoísmo? ¿O estamos tratando de complacer al espíritu que busca a Dios en su interior?

Escribe una situación reciente en la que te hayas sentido presionado para complacer a otra persona por encima de ti mismo.

_____

_____

Tras considerar las Escrituras de hoy, ¿cuál habría sido la respuesta más bíblica?

_____

_____

Día Cinco: El Hombre versus Dios

> *"Dense cuenta de que aquello que la gente tiene en gran estima es detestable delante de Dios."*
>
> ~ Lucas 16:15

¿Qué permitió a Jesús no ceder a la presión de complacer a los que le rodeaban? Claramente, la razón más importante es que la última lealtad de Jesús era a su Padre celestial. Están unidos en la Trinidad de una manera que nuestras mentes humanas no pueden comprender completamente. Sin embargo, podemos imitar una de las razones secundarias.

Juan 2:23 nos dice que Jesús se estaba ganando el favor de la gente a medida que creían en él basándose en los milagros que realizaba. Obviamente, era una muy buena noticia para Jesús que la gente pusiera su fe en él, considerando que esa era la razón misma por la que vino a la tierra. Sin embargo, el comentario de Juan sobre la respuesta de Jesús es el siguiente: *"En cambio Jesús no les creía porque los conocía a todos; no necesitaba que nadie le informara nada acerca de los demás, pues él conocía el interior del ser humano."*

Cuando Jesús vio a las multitudes asombradas a su alrededor, su reacción fue esencialmente: *"¿Y qué? Qué más da. No podría importarme menos"*.

Ahora, creo que Jesús nos ama, como dice la canción. Pero no nos ama porque seamos tan increíbles como seres humanos. Nos ama a pesar de lo patéticos que podemos ser como meros humanos.

Pensemos en lo que hay "*en un hombre*" (o en una mujer). A menudo nos impresionan más los aspectos superficiales de los demás que sus cualidades internas. Juzgamos a los demás por su aspecto físico (rasgos faciales, altura, peso, falta de pelo, exceso de pelo, etc.) -muchos de los cuales nacen con ellos y no tienen ningún control sobre ellos-, su ropa (costo, arreglo, limpieza, moda), o su encanto (cantidad de confidencia, habilidad para hablar bien delante de los demás, manejo de las gracias sociales). Somos volubles; adoramos a alguien en un momento y cambiamos de opinión basándonos en el más mínimo dato (a menudo inexacto). Somos falsos: tratamos a los demás como si nos gustaran o los respetáramos, cuando a menudo no es así. Estereotipamos, juzgamos y condenamos basándonos en tradiciones, normas sociales e ignorancia. Entonces, ¿por qué daríamos tanta importancia a la opinión de los demás? ¿Por qué estas opiniones superficiales, fugaces y desinformadas a menudo nos importan más que la opinión de Dios?

En los últimos años he dejado de ver "*American Idol*", pero vi un par de temporadas en las que Simon Cowell, Randy Jackson y Paula Abdul eran los jueces. Tengo fama de ser un poco sorda, así que si estaba indecisa sobre la actuación de un concursante, confiaba en la opinión de Simon. No me fiaba de la palabra de Paula cuando los elogiaba. ¿Por qué? Porque halagaba indiscriminadamente a todo el mundo. Si Simon elogiara alguna vez a un cantante del que todos supiéramos que era horrible, nos costaría confiar en su opinión sobre el siguiente concursante, pero que yo sepa nunca lo hizo. Nunca podemos confiar completamente en el juicio de nadie, excepto en el de Dios. Sólo Dios tiene toda la información. Sólo Él nunca toma una mala decisión. Sólo Él es objetivo e imparcial cuando mira a toda Su creación, inmaculada por cualquier pecado. No podemos decir eso de ninguna persona en la tierra.

Cuando vemos los malos juicios que la gente hace sobre situaciones de su propia vida, es más fácil no valorar tanto sus juicios. Si pudiéramos ver los juicios constantemente erróneos que otros hacen en sus mentes a lo largo de cada día, quizá no tomaríamos tan en serio sus opiniones sobre nosotros.

Por otro lado, por mucho que las opiniones de los demás no deban importarnos, también necesitamos algunos Simon Cowells en nuestra vida. Lee la tercera carta de Juan, verso 12. ¿Por qué debería la Iglesia confiar en el testimonio de Juan?

___

___

Podemos confiar en las opiniones de hombres y mujeres espirituales porque conocemos la norma sobre la que emiten sus juicios. ¿Quiénes son los cristianos en tu vida con los que puedes contar para que te den una estimación honesta, objetiva y bíblica de tu vida cuando necesites una perspectiva externa?

___

___

___

Jesús tiene más que decir sobre la fiabilidad de las opiniones de los hombres. Después de condenar a los fariseos por su amor al dinero y su fachada de rectitud, dice:«Ustedes se hacen los buenos ante la gente, pero Dios conoce sus corazones. Dense cuenta de que aquello que la gente tiene en gran estima es detestable delante de Dios (Lucas 16:15).

La (RVR1960) traduce la última frase: "Él les dijo: Vosotros sois los que os justificáis a vosotros mismos delante de los hombres; mas Dios conoce vuestros corazones; porque lo que los hombres tienen por sublime, delante de Dios es abominación." Esta palabra "abominación"– *bdelugma* - también se utiliza en Mateo 24:15 en el discurso de Jesús sobre el final de los tiempos, cuando Jesús se refiere a una imagen que será erigida por el anticristo en el templo. La palabra significa objeto de repugnancia y se asocia con la idolatría. *El Comentario de Matthew Henry* explica una teoría sobre la "abominación desoladora" de la que habla Jesús:

Algunos entienden por esto una imagen, o estatua, erigida en el templo por algunos de los gobernadores romanos, que era muy ofensiva para los judíos, los provocó a rebelarse, y así trajo la desolación sobre ellos... Desde el cautiverio en Babilonia, nada era, ni podía ser, más desagradable para los judíos que una imagen en el lugar santo...[iv]

Jesús pone los valores comunes de la sociedad al mismo nivel que la detestable visión de un ídolo en el templo sagrado de Dios. La mayoría de las cosas por las que vive la gente se contradicen con lo que le importa a Dios.

Hojea una revista popular u observa los programas de la televisión populares. ¿Qué es lo que más se valora hoy en día?

_____

_____

Teniendo en cuenta estos datos nos debería aliviar nuestro miedo a la gente. Sin embargo, los continuos ataques del mundo son a menudo difíciles de combatir. Lee el Salmo 56. ¿Qué influencias ha tenido la gente en David (vv. 1-8)?

_____

_____

¿Cuáles son algunas de las verdades que se recuerda a sí mismo para encontrar consuelo en esta situación?

_____

_____

Los enemigos eran claros en el Antiguo Testamento. El pueblo de Dios se distinguía del resto del mundo y sus adversarios daban a conocer su oposición. "**Enemigo**" (*oveb*) se usa 282 veces y "**adversario**" (*sar*) 70 veces en el Antiguo Testamento, 26 de las cuales se encuentran en los Salmos. Cuando estos hombres fueron a orar a su Dios, hablaron con Él de cómo se sentían al verse opuestos y amenazados. Es natural sentirse angustiado por ello. Un tema que se encuentra a lo largo de los Salmos es la confianza en Dios cuando tenemos miedo o ansiedad. Las personas son a menudo la fuente de estas ansiedades. La vida misma de David estaba en peligro, pero a menudo nos sentimos amenazados por palabras o incluso por expresiones de rechazo en la cara. Tanto si nuestras amenazas son físicas como verbales, Dios es más grande que las meras palabras y la carne humana. Dios es más grande que la muerte. Es a través de la oración que se nos hace presente estas verdades para que podamos superar lo que nos intimida en nuestras propias vidas.

Los expertos bíblicos han clasificado los salmos de distintas maneras, según su género y tema, como salmos de alabanza o de lamento. Ciertos salmos se han hecho conocidos por su tema claro, como la seguridad en Dios en el Salmo 23 o el espíritu de arrepentimiento en el Salmo 51. Una mañana, mientras leía el Salmo 56, me di cuenta de que éste era, sin duda, "***El salmo del pueblo complaciente***". Como he hecho con muchos de los salmos en mis ratos con Dios, he escrito mi propia versión de esta oración:

"La oración del la persona complaciente"

Perdóname, Señor, porque he permitido que el mundo entre en mi corazón.

Permito que las opiniones de los demás -o incluso mi suposición de sus opiniones- me paralicen y silencien.

Los que valoran la perversidad me superan en número.

Los hermosos, los ricos, los exitosos, los elegantes y los que hablan bien - mis ojos se fijan en ellos y me siento avergonzada.

Me siento inferior, inadecuada, insegura.

Cuando temo las reacciones de los demás, cuando temo no estar a la altura, cuando temo el rechazo, el aislamiento y la incomodidad: Confiaré en ti, Señor Dios Todopoderoso.

Confiaré en mi Creador, en que Tú me hiciste como querías que fuera.

Confiaré en que, sea cual sea el resultado que experimente, Tú te complaces cuando actúo con rectitud.

Confiaré en que el mundo que veo es temporal, en decadencia y gimiendo para ser renovado, aunque pueda parecer brillante y deslumbrante en su atractivo.

Confiaré en que Dios es más poderoso que el hombre.

Temeré a Dios más que al hombre.

¿Qué puede hacerme el hombre?

Hace años te entregué mi vida cuando declaré: "Jesús es mi Señor".

Nunca me has defraudado, Señor.

Nunca he estado solo en mis batallas.

Si considero siempre cómo complacerte a ti y sólo a ti, mi camino será llano,

y un día escucharé de ti: "Bien hecho, mi hija fiel".

Vuelve a leer el salmo de David y piensa en cómo puedes relacionar sus sentimientos con tu propia vida. ¿Cuáles son las situaciones que despiertan estos sentimientos en ti?

_____

_____

Imagínate a ti mismo en una de esas situaciones y escribe tu propia "*Oración de la persona complaciente*" utilizando como guía el salmo de David.

_____

_____

Día Seis: Dios te Ve

> "Como el Señor le había hablado, Agar le puso por nombre «El Dios que *me ve*», pues se decía: «Ahora he visto al que me ve»."
>
> ~ Génesis 16:13

Todo el mundo quiere que se le escuche. Ni siquiera puedo seguir el ritmo de las formas en que hemos aumentado la exposición de nosotros mismos a la sociedad a través de la tecnología, desde los blogs a las redes sociales, Twitter y Snapchat. Queremos afirmación. Queremos encontrar a otros que estén de acuerdo con nosotros y que "les guste" (en forma de pulgar hacia arriba electrónico) todo lo que hacemos. No queremos que nos repriman en nuestra libertad de expresión. Los anuncios promocionan la capacidad de las nuevas tecnologías para permitirnos capturar y comunicar cada uno de nuestros pensamientos.

En lugar de lamentarnos por esta empalagosa necesidad nuestra, deberíamos considerar su origen y su finalidad. Dios creó ese sentimiento en nosotros para que nos acercáramos a Él. El problema es cuando sustituimos las conversaciones con el Todopoderoso por Facebook y los mensajes de texto.

En el libro, *Corazón seguro*, Robin Weidner habla de nuestra necesidad de encontrar seguridad en Dios y no en otras fuentes. En un capítulo sobre las falsas seguridades, habla de cómo Satanás "*se disfraza de ángel de luz que comprende y se relaciona con los anhelos de nuestros corazones femeninos: amor, aceptación, control, independencia, belleza, aventura y romance. Y Satanás está más que feliz de mostrar un camino -su camino- para satisfacer estos anhelos fuera de Dios.*"[v]

Nuestros deseos de ser vistos, escuchados, validados, apreciados y reconocidos pueden ser satisfechos por Dios o por la gente. Agar fue una mujer que encontró su seguridad sólo en Dios y confió en Él para que le diera fuerzas para seguir siendo justa y afrontar las dificultades de su vida.

Lee Génesis 16:1-16.

Agar era una esclava egipcia; no había conocido al verdadero Dios de los israelitas. Sara habría sido la que le enseñó, la que inspiró a Agar con su fe a creer y a tener una relación con Dios. Entonces esa misma mujer -su mentora- era la que la maltrataba. Aun así, Agar se aferró a lo que sabía de Dios. Todavía buscaba consuelo en Él. ¿Cómo reaccionarías si la misma persona que te enseñó todo lo que sabes sobre Dios se volviera contra ti? Cuando nuestros ojos se centran más en las personas que en Dios, las faltas de los demás pueden debilitar nuestra fe, aunque sepamos que Dios no cambia.

Lo que Dios le pide a Agar es increíblemente difícil. La misma palabra utilizada en el versículo 6 para describir el duro trato de Sarai a Agar se utiliza en el versículo 9 cuando Dios le dice a Agar que regrese y se "someta" a la autoridad de Sarai. Él no le promete que la protegerá del maltrato si regresa. De hecho, le da a entender que se someterá a aún más injusticias. Agar no tenía a nadie que la animara, que le dijera que estaba haciendo lo correcto al regresar, que simpatizara con ella, que la escuchara desahogar su frustración, que le dijera "buen trabajo", que le hiciera saber que era una mujer hermosa que valía la pena aunque Sarai no la apreciara. No tenía un equipo de animadoras. No tenía hermanas en Cristo como las que tenemos hoy. Aunque técnicamente tenía un marido, sólo tenía una relación con él con el propósito específico de tener un hijo. Sólo Dios podía satisfacer sus necesidades emocionales.

Mi parte favorita de esta historia, y de todo el libro de Génesis, es cuando Agar da un nuevo nombre al Señor que significa: "*Tú eres el Dios que me ve*" (v. 13). Su relación con Él era tan personal que tenía su propio nombre para Él. Sin una relación cercana y personal con Dios, seguramente vacilaremos bajo la presión de complacer a otros.

¿Cuál es tu experiencia más especial a solas con Dios? Escribe la historia de ese momento y por qué fortaleció el vínculo entre tú y Dios.

_____

_____

Cuando me trasladaba a un lugar nuevo, lo primero que hacía era buscar mi lugar de oración: maizales, arroyos, reservas naturales, rincones de la biblioteca de la universidad, etc. ¿Cuáles han sido tus lugares de oración más especiales? ¿Tienes un lugar ahora?

_____

_____

Dios mismo llamó a Ismael, que significa "Dios escucha". Dios tranquilizó a Agar diciéndole que la había oído en su angustia, que tenía un plan para su vida y que la comprendía y la amaba.

Me he encontrado en algunas situaciones en las que estaba algo aislado de otros cristianos. Tal vez usted pueda identificarse con estar geográficamente distante de otros que pueden ayudarle espiritualmente o tener un horario que permite tiempo limitado para la confraternidad. No recomiendo que elijas nunca estar en esa situación, pero puede suceder. Si siempre has tenido el increíble beneficio de estar cerca de otros creyentes, puede ser útil imaginar la vida como Agar y cómo actuarías en su lugar. O como Jeremías, el profeta llorón, o como Juan, exiliado en la isla de Patmos.

Tiene que ser suficiente con que Dios me vea, no a mis 700 amigos de Facebook, ni a mi marido, ni a los líderes de mi iglesia, ni a mis padres. Vivimos en un día en el que si queremos ser vistos podemos encontrar cientos o miles de personas que nos vean en YouTube o Instagram. Podemos enviar mensajes de texto a quien queramos para que valide nuestros sentimientos y nos dé una respuesta en cuestión de segundos, así que ¿por qué necesitamos hablar con Dios? Una vez vi una conversación en Facebook que decía algo así como: "*¿Has tenido un mal día? ¿Por qué no vas a publicar un comentario pasivo-agresivo en FB que sea tan vago que nadie lo entienda?*". Todos hemos visto las publicaciones de "*¿Por qué siempre me pasa esto a mí?*" o "*¡Estoy tan enfadado ahora mismo!*" (¡o puede que incluso hayamos escrito alguna!) pidiendo a gritos una respuesta de preocupación. ¿Buscamos consuelo en el mundo que nos rodea antes de dirigirnos a quien nos creó? Me temo que los jóvenes de hoy crecen con menos ganas de orar a Dios, porque no hay necesidad: ya han descargado su frustración en el mundo y al menos alguien se ha dado por enterado, normalmente en los primeros quince minutos tras su publicación.

Todos pasaremos por nuestros momentos parecidos a los de Hagar. Los momentos de nuestras vidas que parecen los más bajos, los peores, los más imposibles, los que desafían nuestra fe en Dios - estos son los momentos que un día apreciaremos si nos volvemos a Dios y confiamos en Él. Construirás un recuerdo con Él insustituible.

En mis primeros momentos como los de Agar, no tenía mucha esperanza, ni ningún consuelo. Sin embargo, después de esas experiencias, ahora afrontó el duelo de forma muy diferente. Sigo teniendo momentos de angustia emocional, pero al mismo tiempo puedo dar gracias a Dios porque esta experiencia nos une más. Ahora entiendo por qué Pablo nos exhorta a dar gracias en todas las circunstancias.

¿De qué manera sientes que necesitas la afirmación o la comprensión de los demás?

_____

_____

¿Cómo puede el conocimiento de que "*Dios te ve*" y "*Dios te escucha*" saciar esta necesidad?

_____

_____

¿Cuál es tu momento Agar más reciente? ¿Cómo pueden estas circunstancias llevarte a una relación más estrecha con Dios?

_____

_____

Día Siete: Repaso Semanal

Tómate un momento para cerrar tus ojos y recitar el versículo que has memorizado esta semana.

Ora sobre lo que el versículo significa ahora para ti después de examinar tu propia naturaleza complaciente con la gente esta semana.

Lee en voz alta para Dios tu propia *"oración de la persona complaciente a la gente"*.

Pensamiento positivo:

¿Cuáles de tus tendencias de ser complaciente con la gente son atributos Santos que también complacen a Dios (por ejemplo, consideración por las necesidades de los demás, espíritu de sacrificio, etc.)?

_____

_____

Semana Dos:

Amoldarse al Mundo

Versículo para memorizar en esta semana:

> *No amen al mundo ni las cosas que están en el mundo. Si alguien ama al mundo, el amor del Padre no está en él. Porque todo lo que hay en el mundo, la pasión de la carne, la pasión de los ojos, y la arrogancia de la vida, no proviene del Padre, sino del mundo. El mundo pasa, y también sus pasiones, pero el que hace la voluntad de Dios permanece para siempre.*
>
> (1 Juan 2:15-17, NBLA)

* * * * *

Dia Uno: "Pudin de Maíz"

*"Toda sociedad honra a sus conformistas vivos y a sus **alborotadores** muertos".*

~ Mignon McLaughlin

Lo que sigue es la mayor parte de un ensayo escrito por Mark Twain en 1901 y publicado a título póstumo como *"Opiniones de Pudin de Maiz."*[vi]

HACE CINCUENTA AÑOS, cuando yo era un muchacho de quince... Tenía un amigo cuya compañía era muy apreciada pero mi madre me lo prohibía. Era un... joven negro -un esclavo- que predicaba diariamente sermones desde lo alto de la pila de leña de su amo, yo era su único público. Imitaba el estilo del púlpito de varios clérigos del pueblo, y lo hacía bien, con gran pasión y energía. Para mí era una maravilla. Creía que era el mejor orador de los Estados Unidos y que algún día se oiría hablar de él. Pero no fue así; en la distribución de premios fue pasado por alto. Así es este mundo.

De vez en cuando interrumpía sus sermones para simular el ruido de un serrucho de madera; eso era pretensión: lo hacía con la boca, imitando exactamente el sonido que hace la sierra al abrirse paso a través de la madera. Lograba el propósito: impedía que su amo saliera a ver cómo iba el trabajo. Yo escuchaba los sermones desde la ventana abierta de un cuarto de madera en la parte trasera de la casa. Uno de sus textos era el siguiente:

"Dime dónde consigue un hombre su maíz y te diré cuál es su opinión."
... La idea del filósofo negro era que un hombre no es independiente y no puede permitirse opiniones que puedan interferir con ganarse la vida en este mundo. Si quiere prosperar, debe entrenarse con la mayoría; en asuntos de gran importancia, como la política y la religión, debe pensar y sentir como la mayoría de sus vecinos, o sufrirá daños en su posición social y en su prosperidad empresarial. Debe limitarse a las opiniones del montón, al menos en apariencia. Debe obtener sus opiniones de otras personas; no debe razonar ninguna por sí mismo; no debe tener puntos de vista de primera mano.

Creo que Jerry tenía razón, en lo esencial, pero creo que no fue lo suficiente lejos.

1. Su idea era que un hombre se conforma a la opinión mayoritaria de su localidad por cálculo e intención. Esto ocurre, pero no creo que sea la norma.

2. Era su idea de que existe algo así como una opinión de primera mano, una opinión original, una opinión fríamente razonada en la cabeza de un hombre, mediante un análisis minucioso de los hechos implicados, sin consultar su corazón y un veredicto cerrado a influencias externas. Puede que una opinión así haya nacido en algún lugar, en algún momento, pero supongo que se escapó antes de que pudieran atraparla, disecarla y ponerla en el museo.

Estoy persuadida de que un dictamen independiente y fríamente reflexionado sobre una moda en el vestir, los modales, la literatura, la política, la religión o cualquier otro asunto que se proyecte en el campo de nuestra atención e interés, es algo muy raro, si es que alguna vez ha existido.

Cuando aparece una novedad en la moda -la falda de aros acampanados, por ejemplo- y la gente se escandaliza, y los irreverentes se ríen. Seis meses después, todo el mundo se reconcilia; la moda se ha impuesto; ahora es admirada, y nadie se ríe. A la opinión pública le molestaba antes, ahora la acepta y se alegra. ¿Por qué? ¿Se razonó el resentimiento? ¿Se razonó la aceptación? No. El instinto que mueve a la conformidad hizo su trabajo. Es nuestra naturaleza conformarnos; es una fuerza a la que no muchos pueden resistirse con éxito. ¿Cuál es su origen? La necesidad innata de autoaprobación. Todos tenemos que someternos a ella; no hay excepciones. Incluso la mujer que se niega de principio a fin a llevar la falda de aro está sometida a esa ley y es su esclava; no podría llevar la falda y tener su propia aprobación; y la debe tener, no puede evitarlo. Pero, por regla general, nuestra autoaprobación tiene su fuente en un solo lugar y no en otro: la aprobación de otras personas. Una persona con vastas consecuencias puede introducir cualquier tipo de novedad en el vestir y el mundo en general la adoptará de inmediato, se ve movido a hacerlo, en primer lugar, por el instinto natural de ceder pasivamente a ese algo vago reconocido como autoridad, y en segundo lugar por el instinto humano de entrenarse con la multitud y tener su aprobación. Una emperatriz introdujo la falda con aros, y conocemos el resultado. Un desconocido introdujo la crinolina, y ya conocemos el resultado.... El hoopskirt sigue su curso y desaparece. Nadie razona al respecto. Una mujer abandona la moda; su vecina se da cuenta y sigue su ejemplo; esto influye en la siguiente mujer; y así sucesivamente, y al final la falda ha desaparecido del mundo.

Nuestros modales en la mesa, en la compañía y en la calle cambian de vez en cuando, pero los cambios no se razonan; simplemente nos damos cuenta y nos conformamos. Somos criaturas de influencias externas; por regla general, no pensamos, sólo imitamos. No podemos inventar normas que perduren; lo que confundimos con normas son sólo modas, y perecederas. Podemos seguir admirándolas, pero dejamos de utilizarlas. Esto se nota en la literatura. Shakespeare es un referente, y hace cincuenta años solíamos escribir tragedias que no podíamos distinguir de las de otros; pero ahora ya no lo hacemos. Nuestra prosa estándar, hace tres cuartos de siglo, era ornamentada y difusa; alguna que otra autoridad la cambió en la dirección de la compacidad y la simplicidad, la conformidad siguiendo, sin argumento. La novela histórica surge de repente y arrasa el país. Todo el mundo escribe una, y la nación se alegra. Antes teníamos novelas históricas, pero nadie las leía, y los demás nos conformábamos, sin razonarlo. Ahora nos conformamos de otra manera, porque es otro caso para todos.

Las influencias exteriores siempre están derramándose sobre nosotros, y siempre estamos obedeciendo sus órdenes y aceptando sus veredictos. La moral, las religiones, la política, obtienen su seguimiento de las influencias y los ambientes que las rodean, casi por completo; no del estudio, no del pensamiento. Un hombre debe tener y tendrá su propia aprobación antes que nada, en todos y cada uno de los momentos y circunstancias de su vida - incluso si debe arrepentirse de un acto auto-aprobado en el momento después de su comisión, con el fin de obtener su auto-aprobación de nuevo: pero, hablando en términos generales, la auto-aprobación de un hombre en las grandes preocupaciones de la vida tiene su fuente en la aprobación de las personas que le rodean, y no en un examen personal de la cuestión. Los mahometanos son mahometanos porque han nacido y se han criado en esa secta, no porque lo hayan pensado y puedan dar razones sólidas para ser musulmanes; sabemos por qué los católicos son católicos; por qué los presbiterianos son presbiterianos; por qué los bautistas son bautistas; por qué los mormones son mormones; por qué los ladrones son ladrones; por qué los monárquicos son monárquicos; por qué los republicanos son republicanos y los demócratas, demócratas. Sabemos que es una cuestión de asociación

y simpatía, no de razonamiento y examen; que difícilmente un hombre en el mundo tiene una opinión sobre moral, política o religión que haya obtenido de otra manera que no sea a través de sus asociaciones y simpatías. Hablando en términos generales, no hay más que opiniones "corn-pone". Y en términos generales, "pudin de maíz" significa autoaprobación. La autoaprobación se adquiere principalmente de la aprobación de otras personas.

El resultado es la conformidad. A veces el conformismo tiene un sórdido interés comercial -el interés del pan y la mantequilla-, pero no en la mayoría de los casos, creo yo. Creo que en la mayoría de los casos es inconsciente y no calculado; y nace del anhelo natural del ser humano de estar bien con sus semejantes, tener su aprobación y alabanza inspiradoras - un anhelo que es comúnmente tan fuerte y tan insistente que no puede ser resistido eficazmente, y debe salirse con la suya. Una emergencia política hace aflorar con fuerza las opiniones de "pudin de maíz" en sus dos formas principales: la del bolsillo, que tiene su origen en el interés propio, y la más grande, la sentimental: la que no puede soportar estar fuera de lugar; no puede soportar estar en desacuerdo; no puede soportar la mirada de reojo y ser ignorada; quiere estar bien con sus amigas, quiere que le sonrían, quiere ser bienvenida, quiere oír las preciosas palabras: *"¡Está en buen camino!"*. Pronunciadas, quizás por un [imbécil], pero aún así un [imbécil] de alto grado, un [imbécil] cuya aprobación es oro y diamantes para un [imbécil] más pequeño, y confiere gloria y honor y felicidad, y pertenencia al rebaño. Por estos halagos, muchos hombres tirarán sus principios de toda la vida a la calle, y su conciencia con ellos. Lo hemos visto. En millones de casos.

Los hombres creen que piensan en las grandes cuestiones políticas, y lo hacen; pero piensan con su partido, no independientemente; leen su literatura, pero no la del otro partido; llegan a convicciones, pero son extraídas de una visión parcial del asunto en cuestión y no tienen ningún valor particular. Se unen a su partido, sienten con su partido, son felices con la aprobación de su partido; y donde el partido los lleve, ellos los seguirán, ya sea por el derecho y el honor, o por la sangre y suciedad ylamoraldañada.

En nuestro último voto, la mitad de la nación creía apasionadamente que en la plata estaba la salvación, y la otra mitad creía con la misma pasión que en ese camino estaba la destrucción. ¿Cree usted que una décima parte de la gente, de uno u otro lado, tenía alguna excusa racional para tener una opinión sobre el asunto? Estudié esa poderosa pregunta hasta el fondo y salí con las manos vacías. La mitad de nuestro pueblo cree apasionadamente en la tarifa alta, la otra mitad cree lo contrario. ¿Significa esto estudio y examen, o sólo sentimiento? Creo que lo segundo. Yo también he estudiado a fondo esta cuestión, y no he llegado. Todos sentimos mucho y lo confundimos con pensar. Y de ello obtenemos un conjunto que consideramos una bendición. Su nombre es Opinión Pública. Es venerada. Lo decide todo. Algunos piensan que es la voz de Dios.

La actitud de ser complaciente con la gente no es un fenómeno nuevo. Podría incluir pasajes de escritos antiguos que demuestran esta tendencia humana. En este capítulo examinaremos el efecto de la cultura popular en nuestras creencias, como hace Twain en su ensayo. ¿Cuáles son tus pensamientos iniciales sobre cómo la voz de la opinión pública puede confundirse con la voz de Dios en tu vida y en la comunidad que te rodea?

Subraya las frases de Twain que explican el concepto de complacer a la gente. Escríbelas aquí:

_____

_____

Twain escribe: *"No podemos inventar normas que perduren; lo que confundimos con normas son sólo modas, y son perecederas"*. Aunque esto puede ser cierto en muchas áreas de nuestras vidas, afortunadamente las normas de Dios son perfectas e inamovibles. Su Palabra no tiene fecha de expiración.

Incluso la moralidad está sujeta a las tendencias de la sociedad. Abundan los dichos que la gente trata como Escritura: *"Dios ayuda a los que se ayudan; Todo pasará; Si trabajas fuerte tendrás éxito; Solo sigue a tu corazón y cree, y podrás hacer cualquier cosa; o - para poner una mentalidad común en fraseología bíblica - En verdad, en verdad, Dios sólo quiere que seas feliz."*[vii]

¿Alguna de estas filosofías mundanas se ha infiltrado en tu forma de pensar? Escoge una y busca una Escritura que la refute para reenfocar tu pensamiento en la verdad de Dios. Escríbela aquí.

_____

_____

Día Dos: El Conformismo

> "No necesitamos aprender del mundo: "¿por qué apoyarse en la guía de un ciego, si tienes ojos propios? ¿por qué dejarse vestir por alguien que está desnudo, si te has revestido de Cristo?"
>
> ~ Tertullian

A menudo es más fácil reconocer nuestra naturaleza complaciente en los encuentros cara a cara. Aceptamos un compromiso para el que no tenemos tiempo e interiormente nos reprendemos por ser unos débiles. Un compañero de trabajo expresa un punto de vista opuesto a nuestras convicciones, pero nos quedamos callados y tememos hacer olas. Sin embargo, existe un problema mayor de conformidad en la influencia de la sociedad sobre nosotros. La influencia del mundo se filtra en nuestros corazones y nos controla de maneras mucho más sutiles y difíciles de reconocer que el impacto directo de otro individuo.

La conformidad con el mundo era a menudo la raíz de la caída del pueblo de Dios en el Antiguo Testamento. Envidiaban la aparente facilidad de vida de los demás e imitaban sus sistemas legales mundanos pidiendo un rey que los gobernara. Incluso siguieron otras tradiciones religiosas hasta el punto de sacrificar a sus propios hijos y negar al único Dios verdadero, Jehová (Jeremías 7:31, Levítico 18:21).

Lee 2 Reyes 17:7-23. Este pasaje comienza con un recordatorio -como vemos repetido numerosas veces a lo largo del Antiguo Testamento- de que Dios había sacado a su pueblo de Egipto y del poder del faraón. Al recordar la historia de Moisés guiando a los israelitas hacia la libertad, es fácil simplificar Su propósito: liberar a Su pueblo del sufrimiento de la esclavitud. Sin embargo, Dios hizo evidente a Moisés y al faraón que el propósito mayor era *"para que me adoren"* (Éxodo 7:16, 11:31, itálicas añadidas). Sin duda, Dios sentía una gran compasión por su pueblo sufriente, pero su principal preocupación era que se les concediera la libertad de adorarle de todo corazón. Después de diez plagas, la muerte de muchos egipcios, maravillas milagrosas, guía durante cuarenta años en el desierto y el liderazgo de reyes ordenados y refinados por Dios para inspirar a Su pueblo, imagínese cómo se debe haber sentido Dios al ver la situación en la que se encuentra Su pueblo ahora. Ellos eligieron esclavizarse de nuevo al aferrarse a las costumbres de las naciones paganas.

Escriba algunas de las atrocidades que los israelitas cometieron aprendido de quienes los rodeaban.

___

___

El autor irónicamente declara, "*Los israelitas secretamente hicieron cosas contra el Señor su Dios que no eran correctas*" (v. 9, énfasis mío). Esta era la máxima hipocresía: conformarse con la gente que los rodeaba mientras mantenían ridículamente la apariencia de lealtad a Dios.

Afortunadamente, la mayoría de nosotros no vivimos en sociedades tan violentas y despiadadas como las que rodeaban a los israelitas. Sin embargo, la sutileza de los males de nuestro "mundo" actual hace que sean más difíciles de reconocer. Si los israelitas no tuvieron la sensatez de darse cuenta de que no debían quemar vivos a sus hijos, ¿cuán necios somos nosotros al creer que estamos por encima de la influencia del mundo? Los efectos más sutiles del mundo son las influencias cotidianas, las normas culturales aceptadas, los valores, las prioridades y los ideales que se perpetúan de tantas maneras que ni siquiera nos damos cuenta de que estamos siendo influenciados. Cuando deseamos ser "normales" en lugar de un tipo raro religioso, ¿qué es lo que constituye esa normalidad para nosotros? Define lo que sueles considerar "normal" para una persona en tu etapa de vida.

___

___

Asumimos saber qué valores del mundo odia Dios y asumimos que no somos parte de eso. Es simplemente un nivel de materialismo o mundanidad peor que el nuestro. Es lo que la gente hace en los "***programas de televisión de la vida real***". Debemos entender que no estamos por encima de la mundanidad. Nacimos en este mundo, crecimos en esta sociedad, influenciados toda nuestra vida por los que nos rodean. ¿Cómo podemos estar tan seguros de que no estamos valorando las cosas que Dios detesta? Debemos tomarnos en serio nuestra búsqueda de amar lo que Dios ama y odiar lo que Él odia - ser imitador en todos los sentidos (Efesios 5:1).

En Ezequiel 22:26 el Señor reprende a los sacerdotes por no hacer "***distinción entre lo santo y lo profano***". Nuestra sociedad actual no es diferente. Distinguir entre lo piadoso y lo pecaminoso es calificado de enjuiciador y ofensivo. Nos conformamos con lo que acepta la mayoría y lo que es popular. La justicia se encuentra típicamente en la minoría. Desde las palabras de Moisés hasta las de Jesús se nos advierte que no "***sigamos a la multitud haciendo el mal***" y que muchos tomarán el camino ancho y la puerta ancha hacia la perdición (Éxodo 23:2, Mateo 7:13).

¿Cuáles son algunos de los problemas que has encontrado en los que la norma de Dios es diferente a la norma de nuestra sociedad?

___

___

Elige uno de los problemas que identificaste arriba y busca tres Escrituras que respalden una convicción bíblica.

___

___

Día Tres: Comprometerse

"Se dice que es mejor ser pobre pero feliz que ser rico y miserable, pero por qué no mejor ser moderatamente rico y solo un poco malhumorado."

~ Princesa Diana

"Ten cuidado de no comprometer lo que mas quieres por lo que quieres ahora."

~ Zig Ziglar

En muchas situaciones, el compromiso es la mejor solución. Sin embargo, este no es el caso en nuestro caminar con Dios.

Obviamente el pecado viene de adentro (Marcos 7:23) y deseamos el pecado simplemente porque nos satisface, al menos temporalmente. Sin embargo, mucho de lo que deseamos viene de que el mundo nos convence de lo que es placentero. Queremos disfrutar lo que otros disfrutan y queremos disfrutarlo con ellos.

Lee 1 Pedro 4:1-6. ¿Cuáles son algunos de los pecados sociales en los que te sientes tentado a unirte a otros?

_____

_____

¿Qué reacción predice Pedro de los demás cuando decidimos no participar en las actividades que solíamos hacer?

_____

_____

¿Qué estímulo nos da este pasaje (y en los vv. 14-16) para resistirnos a comprometer nuestra integridad moral?

_____

_____

_____

El deseo de estar a la altura del resto de la sociedad, de encajar, de no parecer raro y de ser aceptado influye en las decisiones que tomamos sobre la imagen que presentamos y lo que poseemos. En la época en que se escribieron los libros de la Ley, las opiniones espirituales podían verse claramente a través de la imagen física.

Lee Levítico 19:27-28. ¿Por qué se preocupaba Dios por el aspecto físico de su pueblo? Un comentarista lo explica:

Entre los antiguos, el cabello se utilizaba a menudo en la adivinación. Los adoradores de las estrellas y los planetas se cortaban el pelo uniformemente alrededor, recortando los extremos. Según Heródoto, los árabes [y otras nacionalidades] acostumbraban a afeitarse el pelo alrededor de la cabeza y dejaban un mechón en la coronilla en honor de Baco... Los idólatras también se recortaban cuidadosamente la barba alrededor y de forma uniforme... También era una antigua costumbre supersticiosa cortarse el pelo por la muerte de los amigos y arrojarlo al sepulcro sobre el cadáver. A veces se colocaba sobre la cara y el pecho del difunto como ofrenda a los dioses infernales. Por el versículo siguiente parece que tanto esta costumbre como la otra pueden estar mencionadas en el texto.[viii]

Lee Números 15:37-41. ¿Por qué mandó Dios a los judíos que llevaran flecos en sus vestiduras? ¿Por qué crees que Dios termina este mandamiento con el recordatorio del versículo 41? Haga una lista de algunos de los apodos negativos que ha oído dar a quienes son radicales en sus convicciones bíblicas.

¿Hay alguna evidencia en tu vida de que tienes miedo a verte diferente del resto del mundo, ya sea en apariencia o en estilo de vida? ¿Te amoldas al mundo para evitar que te clasifiquen de esa manera?

_____

_____

Continuemos la historia en 2 Reyes 17. Dios permitió que los israelitas fueran llevados al exilio en Asiria. Para no dejar las ciudades de los israelitas vacías y deterioradas, el rey de Asiria envió gente de su país a vivir allí. Aun así, posiblemente debido al período de desolación, los leones empezaron a entrar en las ciudades y a matar a la gente. El rey llegó a la conclusión de que el Dios de aquella tierra estaba enfadado porque sus nuevos habitantes no le adoraban, así que envió de vuelta a un sacerdote judío para que enseñara al pueblo a adorar a Jehová.

Lee en los versículos 29-33 cómo se desarrolló esta "conversión" al judaísmo. ¿De qué manera se comprometieron espiritualmente los nuevos ciudadanos?

¿Cómo crees que se sintió Dios al respecto?

_____

_____

¿Es eso realmente adoración? Estos grupos pueden haber practicado los ritos religiosos que se les enseñaron, pero en sus corazones su lealtad seguía siendo a los dioses de sus tierras natales. Vemos la misma situación a lo largo del Antiguo Testamento de la gente jurando lealtad a Moloc o cualquier otro dios que fuera popular, así como al verdadero Señor. Seguramente Dios ha escuchado más horas de promesas vacías y falsos halagos de las que podríamos contar. Como dijo Jesús sobre elegir entre Dios y el dinero, no podemos servir a dos amos (Mateo 6:24). Esto sólo nos llevará al pecado de ser tibios -ni fríos ni calientes- que llevó a Jesús a decir a la iglesia de Laodicea que quería "escupirlos" (Apocalipsis

3:16). No queremos que se diga de nosotros que adoramos al Señor pero que también prestamos la misma atención a otros ídolos en nuestras vidas.

Complete la siguiente frase con su nombre y el área de compromiso que más le tienta:

_____ adoraba al Señor, pero también _____

Ahora dibuja una X sobre esto. Escribe una nueva frase que describa cómo adorarás a Dios de todo corazón:

Día Cuatro: Levadura y Contaminación

No se dejen engañar: «Las malas compañías corrompen las buenas costumbres».

~ 1 Corintios 15:33 (NBLA)

¿En qué piensas cuando oyes la palabra *"vida mundana"*?

_____

_____

En un sentido secular, este término es un gran elogio. Esta palabra denota a alguien que ha viajado, experimentado la cultura y desarrollado la sofisticación a través de la exposición a múltiples modos de vida. Sin embargo, cualquiera que esté familiarizado con la Biblia entiende que a Dios no le agrada la vida mundana; la connotación bíblica se refiere a los males del mundo, la oposición exacta del reino espiritual. Puede que no seamos capaces de identificar a una persona o grupo específico que esté influyendo en nuestras costumbres, pero eso no significa que no estemos siendo influenciados. Eso es lo que Dios entiende por "el mundo".

La palabra sakrikos se traduce "*mundano*" en la NVI y "*carnal*" en la RVR1960. Se define como: "***carnal, carnal; que tiene la naturaleza de la carne, es decir, bajo el control de los apetitos animales; gobernado por la mera naturaleza humana no por el Espíritu de Dios; que tiene su asiento en la naturaleza animal o despertado por la naturaleza animal; humano: con la idea incluida de depravación***".

Dios usa muchas analogías para demostrar los efectos negativos del mundo en las almas de las personas. Veremos cuatro de ellas en el estudio de hoy y mañana.

Jesús utiliza la imagen de la levadura en sentido positivo en una ocasión (Mateo 13:33). De lo contrario, la levadura se refiere a influencias negativas como la de los fariseos (Mateo 16:6-12) o los judaizantes (Gálatas 5:9) o los que aceptan el pecado dentro de la iglesia (1 Corintios 5:6-8).

A continuación se describe el proceso químico que ocurre al hacer pan con levadura:

> La levadura es la fuerza motriz de la fermentación, el proceso mágico que permite que una masa densa se convierta en un pan bien inflado. Sin embargo, la levadura no es más que un hongo unicelular. ¿Cómo lo consigue?
>
> La levadura funciona consumiendo azúcar... Los elementos esenciales de cualquier masa de pan son la harina, el agua y, por supuesto, la levadura. En cuanto se mezclan estos ingredientes, las enzimas de la levadura y la harina hacen que las grandes moléculas de almidón se descompongan en azúcares simples. La levadura metaboliza estos azúcares simples y exuda un líquido que libera dióxido de carbono y alcohol etílico en las burbujas de aire existentes en la masa. Si la masa tiene una red de gluten fuerte y elástica, el dióxido

de carbono queda retenido dentro de la burbuja y empezará a inflarla, como quien infla un chicle. A medida que más y más diminutas células de aire se llenan de dióxido de carbono, la masa sube y estamos en el camino hacia el pan leudado.

Cuando se mezclan la harina y el agua, dos proteínas de la harina -la glutenina y la gliadina- atrapan el agua y entre sí para formar una masa elástica de moléculas parecida al chicle que llamamos gluten. En la elaboración del pan, queremos desarrollar todo el gluten que podamos porque fortalece la masa y retiene los gases que harán que el pan suba. Una vez que la harina y el agua se han mezclado, cualquier manipulación posterior de la masa favorece la formación de más gluten. Manipular la masa de cualquier manera permite que más proteínas y agua se encuentren y se unan... La levadura, al igual que el amasado, ayuda a desarrollar la red de gluten. Con cada explosión de dióxido de carbono que la levadura libera en una burbuja de aire, las moléculas de proteína y agua se mueven y tienen otra oportunidad de conectarse y formar más gluten. De este modo, la fermentación de la masa es un amasado casi de molécula a molécula.[ix]

Vemos cinco hechos sencillos sobre la levadura que tienen implicaciones espirituales. Escribe el significado relacionado con la vida mundana:

1. La levadura empieza siendo pequeña.
_____
_____

2. La levadura descompone y consume aquello con lo que se combina.
_____
_____

3. El producto resultante de esta descomposición invade los espacios vacíos para crecer.
_____
_____

4. A medida que crece, el producto se hace más fuerte.
_____
_____

5. La levadura afecta al pan molécula a molécula hasta dispersarse por completo.
_____

Vemos los momentos más oscuros de "*el mundo*" en la mentalidad de la multitud. Elige uno de los siguientes ejemplos, investiga rápidamente en Internet y explica cómo la "*levadura*" de una pequeña influencia afectó negativamente a un grupo:

La caída de la Bolsa de valores, el Terror Rojo, los Juicios de las Brujas de Salem, el Holocausto, "*Zip to Zap*", la Masacre del "*Monte Meadow*", el "*Festival Burning Man*" o la Revolución Francesa.[x]

_____

_____

Una metáfora que podemos entender aún mejor es la de la contaminación. Proverbios 25:26 dice, ***"Manantial turbio, contaminado pozo, es el justo que flaquea ante el impío."***

En enero de 2014 tuvimos lo que hemos llamado "*la crisis del agua*" en Virginia Oeste. Más de 7,000 galones de un producto químico llamado MCHM, utilizado regularmente para limpiar el carbón, se filtraron en nuestra agua potable. Durante semanas no pudimos utilizar el agua para beber, cocinar, bañarnos, lavarnos las manos, la ropa o los platos. Las escuelas estuvieron cerradas casi todo el mes de enero porque había que analizar el agua y, obviamente, no queríamos ni rastro de esta sustancia química en el agua que bebían nuestros hijos. Nadie sabe a ciencia cierta hasta qué punto es perjudicial esta sustancia química. Algunos dicen que una parte por millón (PPM) es segura (es decir, 1 gota por cada 13 galones de agua), otros dicen que debería ser 0.057 PPM. Algunos científicos dicen que es sólo un irritante y puede causar náuseas, otros temen que la prolongada exposición puede causar cáncer.

Si te ofrecen un vaso alto de agua pura filtrada o un vaso con sólo una gota de MCHM, ¿quién va a tomar el agua contaminada? Tal vez sea inofensiva, tal vez no te haga ningún daño, tal vez todos seamos super paranoicos en Virginia del Oeste, pero ¿y si no es inofensiva?

El agua estuvo contaminada durante varias horas antes de que se le avisara a la población y a mi hija Lily le salían sarpullidos en las manos por lavárselas con el agua. Durante meses íbamos a un sitio y Lily preguntaba si el agua era segura, si podía lavarse las manos, si podía beberla. Recordaba el efecto que le había causado y le daba miedo. Ella no quería tener nada que ver con el agua.

Lee Hageo 2:12-14. ¿Por qué lo malo puede corromper lo bueno, pero lo bueno no puede cambiar la naturaleza esencial de lo malo?

_____

Este es el principio exacto de la contaminación. Basta una gota de un contaminante para arruinar una sustancia que, de otro modo, sería excelente. Pero no importa cuánta agua pura añadamos a un tarro de productos químicos, no podemos hacer que sea completamente seguro.

La Biblia advierte sobre la influencia que otros pueden tener sobre nosotros. Para impactar al mundo más que ser influenciados por él, debemos estar más conscientes de la opinión de Dios sobre cada aspecto de nuestras vidas que de la opinión del hombre.

Día Cinco: Lujuria y Adulterio

"No deseo ser rey. No deseo ser rico. Rechazo el mando militar. Detesto la fornicación. No me impulsa un insaciable amor al lucro a embarcarme al mar. No compito por las coronillas. Estoy libre de una loca sed de fama. Desprecio la muerte. Soy superior a toda enfermedad. El dolor no consume mi alma. Si soy esclavo, soporto la servidumbre. Si soy libre, no presumo de mi buen nacimiento... ¡Muero al mundo, repudiando la locura que hay en él! ¡Vive para Dios!"

~ Tatian

"Si eres superior a las pasiones, despreciarás todas las cosas mundanas."

~ Tatian

Lee 1 Juan 2:15-17. Reescribe el versículo como una declaración personal (es decir, "**Yo no amo al mundo...**"):

_____

Este pasaje afirma que las ansias del mundo nos son inculcadas por el mundo; no vienen de Dios. Esta palabra para "deseo" y "lujuria" es *epitimia* (de las palabras "enfocado en" y "deseo apasionado") que significa "*deseo, anhelo apasionado, lujuria, deseo exagerado; pasión construida sobre fuertes sentimientos (impulsos). Estos pueden ser positivos o negativos, dependiendo de si el deseo está inspirado por la fe*". Dios infunde deseos en nuestros corazones, pero no por el mundo. La clave es "centrarnos" en nuestro "deseo apasionado" de ser como Dios, centrarnos en los aspectos de la vida que no desaparecerán. Cuando amamos a Dios más que al mundo, anhelaremos apasionadamente a Dios.

Comparemos los deseos del mundo con los deseos espirituales.

1."*Deseos de la carne*" (RVR1960).

¿Qué desea tu carne? Dios nos dio cinco sentidos con los que experimentar al mundo y disfrutar de Su creación. Estoy agradecida por las experiencias de los sentidos. Cuando camino por la orilla del mar orando a Dios, agradezco poder sentir la arena bajo mis pies, oír las olas rompiendo y ver la masa de agua aparentemente infinita que me recuerda lo infinito que es Dios. En lugar de lamentarme de que mis sentidos me tienten, puedo alegrarme de que Dios me conceda la bendición del placer.

¿Buscas la felicidad en la satisfacción de tus deseos físicos y mundanos o en el conocimiento de Dios? Piensa en tus cinco sentidos. ¿De qué maneras puedes satisfacer tus deseos pecaminosos con esos sentidos? ¿De qué manera pueden acercarte a Dios?

_____

2 "*Los deseos de los ojos.*"

Es fácil pensar en esto principalmente en términos sexuales. ¿Qué más deseamos las mujeres en el mundo?

Lee Efesios 1:18-19. ¿En qué deben centrarse nuestros "ojos"?

3. "La vanagloria de la vida."

La palabra para "orgullo" (o " arrogancia" en la NVI) es alazoneía, que significa "*generalmente vacío, charla ostentosa a veces también exhibición vacía en acto, fanfarronería; una seguridad insolente y vacía, que confía en su propio poder y recursos y desprecia y viola vergonzosamente las leyes divinas y los derechos humanos; una presunción impía y vacía que confía en la estabilidad de las cosas terrenales". Esta misma palabra se utiliza en la antigua escritura secular para referirse a "un vagabundo ('curandero'), que hace vanas fanfarronadas de tener 'curas' para librar a la gente de todos sus males (incluso produciendo 'maravillas', etc.)*".

Toda esta vanagloria basada en el poder del mundo está vacía. ¿Cómo es que Dios es lo opuesto a todo esto?

En Mateo 4:1-10 vemos a Jesús tentado por Satanás -el príncipe del mundo- de estas mismas tres maneras descritas en 1 Juan: para saciar su hambre pero rompiendo su compromiso de ayunar, para gobernar como humano sobre todo lo que podía ver, para tener la gloria de volar. ¿Cómo combatió Jesús las tentaciones?

Todos los usos de "amor" en nuestro tema de la Escritura son formas de *ágape*: amor en un sentido social y moral, afecto o preferencia. ¿Cómo define la Biblia el amor en otros lugares? El amor es dar generosamente de nosotros mismos (1 Juan 3:16). No queremos dar al mundo una porción generosa de nosotros mismos. El amor es abrirse a los demás con vulnerabilidad. No queremos hacernos vulnerables al príncipe del mundo. El amor es una devoción, un compromiso, una lealtad. Dios es el único digno de esta lealtad.

Por último, veamos un versículo similar y nuestra analogía final. Lee Santiago 4:4.

¿Qué se considera adulterio en un matrimonio físico? Muchas acciones y sentimientos dentro del corazón de uno se consideran adúlteros antes de que la persona realmente abandone al cónyuge de forma clara y permanente para estar con el otro amante. De la misma manera, puede parecer que todavía estamos casados con Dios, pero nuestro corazón puede estar desviándose o podemos estar llevando a cabo una aventura secreta.

Un artículo del *Huffington Post* enumera las señales de que te diriges hacia la infidelidad emocional:

1. Esperas verle con más ilusión que un amigo típico y pasar más tiempo con él de lo que deberías.
2. Te descubres arreglándote y prestando más atención a tu apariencia con la esperanza de que él se fije en ti.
3. Le confías tus problemas sentimentales de casa.
4. Coqueteas con él, tocándole mientras hablas o haciendo comentarios juguetones.
5. Acudes a él primero, antes que a tu pareja, cuando algo te preocupa.
6. Fantaseas sobre cómo sería estar juntos en una relación o sexualmente.
7. Hablas demasiado de él con tu pareja y amigos, o nunca lo mencionas, manteniéndolo en secreto.
8. No te sentirías del todo cómoda contándole a tu pareja todo sobre tu relación con esta persona porque sabes que parte de ello es inapropiado.

Si esta lista es una señal de alarma sobre alguna de tus relaciones actuales con hombres, ésta debería ser tu primera preocupación y te animo a que te abras con alguien inmediatamente. Si no, tacha "él" en cada punto y sustitúyelo por cualquier aspecto del mundo que más te tiente y tacha "tu pareja" y escribe "Dios".

El artículo continúa con pasos para "***detener el deslizamiento hacia la infidelidad emocional***":

1. Aléjate de la atracción estableciendo límites en la cantidad de contacto que tienes.
2. Deja de compartir tus problemas, recurre primero a tu pareja en busca de apoyo.
3. Pasa tiempo juntos sólo en grupos.
4. Vuelve a centrar la atención en tu pareja poniendo fin a todos los pensamientos y fantasías sobre esa persona.
5. Planea algo divertido con tu pareja para que puedan volver a conectar y encender la chispa de nuevo.[xi]

De nuevo, inserta el nombre de Dios en los puntos anteriores. Fíjate especialmente en 2 y 5. ¿Cómo puedes hacer esto con Dios como lo harías con tu pareja?

Día Seis: En el mundo, pero no del Mundo

> "Este mundo y el otro son dos enemigos... No podemos, por tanto, ser amigos de ambos".
>
> ~ Clemente

Muchas representaciones de la cultura antigua escritas por los autores del Antiguo Testamento nos resultan extrañas hoy en día. Sin embargo, a veces nos llama la atención un pasaje que suena muy parecido al mundo en que vivimos hoy y nos sirve para recordar que la naturaleza humana es y será siempre la misma en su esencia.

Lee Isaías 5:8-24. Toma los opuestos enumerados en el versículo 20 y colócalos en las tres primeras líneas de las dos columnas siguientes. Enumera en la primera columna todas las formas en que esto te recuerda a la cultura actual. Ahora enumera lo que sería lo contrario de cada uno de ellos en la segunda columna.

A la manera del mundo	A la manera de Dios

En 2 Corintios 6:17, Pablo cita Isaías 52:11, en el que el profeta dice al pueblo de Dios que "salga" de las demás naciones y "se separe". El plan original de Dios para su pueblo en el antiguo pacto era ser una nación separada en la que pudieran servirle sin la influencia de culturas paganas. Desafortunadamente, el pueblo aun seguía desviado y eventualmente se integró a otras culturas mientras eran atacados y esclavizados. Vemos una analogía espiritual en la forma en que la pérdida de la devoción a Dios y la unidad entre ellos condujo a la inmersión en entornos paganos hasta que el pueblo se volvió indistinguible. En Isaías, el profeta les exhorta a que sean puros porque "*llevan los utensilios del Señor*". Lo mismo nos ocurre a nosotros hoy. Pablo utiliza este mismo pasaje para recordar a la iglesia de Corinto que si tan sólo eligen ser puros, Dios "*será un Padre para ustedes, y serán hijos e hijas*" (2 Corintios 6:18). Es este compromiso con la pureza de corazón, alma y la resistencia al mundo lo que une a las hijas de Dios y crea una firme hermandad.

Lee Juan 17:14-18. El deseo de Jesús es que sus seguidores "*sean uno como [él y Dios] son uno*" (v. 22). ¿De qué manera Dios y Jesús son la personificación de la unidad?

_____

_____

Si estamos verdaderamente conectados con nuestras hermanas en Cristo, compartiendo las mismas convicciones y luchando las mismas batallas, tendremos un refugio contra el mundo. Tendremos la protección de Dios y de su Espíritu Santo, así como nuestra familia espiritual. Qué solitario debe ser intentar separarse del mundo pero no tener ningún otro lugar al que pertenecer de verdad.

Mientras eres enviado al mundo para hacer la obra de Jesús, ¿tienes compañeros en la fe que te fortalezcan? ¿Fortaleces a otros de esta manera?

_____

_____

¿Quién es su mejor ejemplo a imitar de alguien que está "en el mundo" pero no es "del mundo"? ¿Por qué?

_____

_____

Lee 1 Juan 3:13. ¿Por qué no debería sorprendernos que el mundo nos odie? Para ser amados por el mundo, tenemos que agradar al mundo. Este versículo parece extrañamente colocado entre las exhortaciones a amar a nuestros hermanos y hermanas en Cristo. Esto debería recordarnos que nos amemos los unos a otros profundamente, porque el mundo nos odia. ¿Qué tan desalentador sería luchar contra el mundo toda la semana sabiendo que estás en oposición a todas sus creencias fundamentales, sólo para ir a la iglesia el domingo y enfrentarte con cristianos a los que tampoco pareces agradarles mucho?

La Biblia nos dice que sólo algunos aspectos de este mundo son eternos, uno de los cuales es Su reino (2 Pedro 1:11). También se refiere continuamente a la temporalidad del mundo. Resuma el mensaje de lo temporal frente a lo eterno en cada pasaje a continuación:

2 Corintios 5:1-10

_____

Romanos 8:18-25

_____

1 Corintios 7:29-31

_____

¿Por qué querríamos invertir en lo que va a desaparecer? Hay una diferencia entre aprobar o ser fan de algo e invertir en ello. Puede que te guste mucho Starbucks y que no seas capaz de imaginarte la vida sin él, pero invertir los ahorros de toda tu vida en Starbucks llevaría más lejos. Si alguien te diera dos opciones de inversión y dijera que una empresa seguirá prosperando durante el resto de tu vida mientras que la otra se hundirá en un par de años, la elección sería obvia. Sin embargo, muchos de nosotros, que afirmamos creer que el Cielo es eterno y que nuestras almas son la única parte de nosotros que nunca morirá, pasamos más tiempo invirtiendo en este mundo que en el eterno.

Por otro lado los beneficios de la comunión espiritual, una de las disciplinas espirituales más menospreciadas es la solitud. Richard Foster escribe en Celebration of Discipline: "*Jesús nos llama de la soledad a la solitud*". La diferencia es que "*[l]a soledad es el vacío interior. La solitud es la plenitud interna*".

En el 250 d.C., Cipriano escribió también sobre los beneficios de la real solitud física:

La única tranquilidad pacífica y digna de confianza, la única seguridad sólida, firme y constante es ésta: que un hombre se retire de este torbellino de un mundo que lo distrae y eleve sus ojos de la tierra al cielo, anclado en el suelo del puerto de la salvación... Aquel que es realmente más grande que el mundo no puede anhelar nada ni desear nada del mundo. Qué estable, qué libre de todo sobresalto es esa salvaguardia. Qué celestial... ser liberado de las trampas de este mundo enredado y ser purificado de las escorias terrenales y ser apto para la luz de la inmortalidad eterna.[xii]

A menudo vemos el uso del desierto como analogía de tiempos difíciles. Tertulian veía el desierto como un lugar de refugio para los profetas debido a los beneficios del aislamiento del mundo. Tertulian expresó su creencia de que la soledad es buena para el alma. Denunció la apreciación de "*mucho ver y ser visto*" que llevaba a los paganos a tener sus ceremonias "*exhibidas ante el ojo público.*"[xiii]

Mi reto para ti durante la próxima semana es hacer un ayuno del "mundo" durante un tiempo y entrar en contacto con Dios. Piensa en las formas en las que "ves" el mundo (a través de los medios de comunicación, el consumismo, etc.) o en las que eres "visto" por el mundo (haciendo o publicando fotos, comprando, maquillándose). Elige una o varias de ellas y abstente de participar en ellas o de exponerte a ellas durante una semana.

Día Siete: Repaso Semanal

Recita el versículo que has memorizado.

_____

_____

Escribe cómo vas a "ayunar" la próxima semana y qué esperas conseguir con ello.

_____

_____

_____

_____

Pensamiento positivo

La semana que viene hablaremos de algunas de las tentaciones específicas que ofrece el mundo. ¿En qué aspectos ya eres diferente al mundo?

_____

_____

_____

_____

_____

_____

Semana Tres:

Las Múltiples Caras de la Vanidad

Versículo para memorizar:

> Por lo tanto, hermanos, tomando en cuenta la misericordia de Dios, les ruego que cada uno de ustedes, en adoración espiritual, ofrezca su cuerpo como sacrificio vivo, santo y agradable a Dios. No se amolden al mundo actual, sino sean transformados mediante la renovación de su mente. Así podrán comprobar cuál es la voluntad de Dios, buena, agradable y perfecta.
>
> (Romanos 12:1-2 NIV)

* * * * *

Día Uno: El Encanto de la Belleza

No todo lo que brilla es oro.

~ Shakespeare, El Mercader de Venecia

Se desconoce el origen de la famosa frase anterior, citada en diversas formas ya en el siglo XIV por Chaucer y otros escritores, pero su uso más famoso se encuentra en la obra *El mercader de Venecia*. Porcia, una mujer hermosa, virtuosa y rica, cortejada por numerosos pretendientes, lee esta carta que dejó su padre en un cofre destinado a sus pretendientes. Su difunto padre estipuló en su testamento que ella debía casarse con el hombre que eligiera correctamente el cofre (de entre tres) en el que contuviese su retrato. Un cofre era de oro, otro de plata y el tercero de plomo. El príncipe de Marruecos era uno de los muchos pretendientes que intentaban conseguir la mano de Porcia, y decidió que sería degradante para ella que su retrato no estuviera en un cofre de oro, así que eligió ese cofre. Al abrirlo, se sintió consternado al encontrar una imagen, no de Porcia, sino de la Muerte, con un mensaje escrito en su ojo hueco: "***No todo lo que brilla es oro. A menudo has oído decir eso: Más de un hombre ha vendido su vida. Pero mi exterior para contemplar: Los sepulcros dorados envuelven los gusanos***" (2.7.62-66).[xiv] La idea es bastante simple: a menudo podemos dejarnos engañar por el exterior cuando no somos conscientes del interior. La obsesión de la humanidad por la belleza física se puede observar a lo largo de nuestra historia, pero seguimos viendo cómo afecta a nuestras vidas de formas nuevas y preocupantes.

Mi hija está creciendo en una sociedad con unos ideales de belleza completamente irreales. Tiene un camisón adornado con toda la colección de princesas Disney, desde Blancanieves hasta Rapunzel, cada una con ojos más grandes y cinturas más pequeñas. Bromeamos sobre cómo los animadores han tenido que dibujar cabezas realmente enormes en los personajes para contener los gigantescos ojos y labios que parecen ser el epítome de la belleza. Puede que esto no parezca que vaya a traducirse en un complejo personal con el propio aspecto de un niño, salvo que vemos titulares sobre preadolescentes que son llevados de urgencia al hospital porque se les rompió un vasito en la boca mientras lo chupaban para obtener unos labios como los de Kylie Jenner. O podemos fijarnos en el ejemplo de adolescentes como Lolita Richi, que a los dieciséis años ya se había sometido a numerosas operaciones de cirugía estética para transformarse en una versión humana de una muñeca Barbie. Con demasiada rapidez, las niñas pasan de adorar a Elsa, a idolatrar a modelos, actrices y cantantes pop que llevan los ideales de Disney a la realidad.

Los dibujos animados populares para la edad de mi hija hacen hincapié en la moda y la belleza. Minnie Mouse diseña moños para el pelo, Daisy baila el vals torpemente con tacones. Del pequeño grupo de seis amigas con diferentes papeles en la microsociedad de *Tarta de Fresa*, una se encarga de peinar y arreglar las uñas, mientras que otra diseña ropa. Del mismo modo, en *My Little Pony*, de las seis amigas también hay una diseñadora de moda, mientras que el personaje humano principal de *Littlest Pet Shop* aspira a la misma profesión. Las jugueterías venden kits de maquillaje y peluquería para niñas de tan sólo tres años. Ninguna de estas cosas es mala en sí misma, pero me hace preguntarme hasta qué punto los medios de comunicación influyen en nuestra preocupación por la belleza desde la infancia.

El modelaje como carrera para niños es cada vez más popular. Kristina Pimenova, de ocho años, ha sido apodada recientemente "*la niña más guapa del mundo.*"[xv] Es modelo desde los tres años para revistas de moda como *Vogue*. Su página de Facebook está llena tanto de poses infantiles como de fotos algo provocativas en las que aparece con blusas desbocadas, las piernas desnudas (excepto por unas botas de cuero negro hasta la rodilla), la mano apoyada entre los muslos y los labios en un gesto sensual. En un anuncio posa en su pijama con el brazo alrededor de un hombre adulto sin camiseta y el brazo de él alrededor de su cintura. En el momento de escribir estas líneas, su página tiene más de tres millones de "me gusta". Muchos comentarios expresan indignación por el tipo de fotos mostradas, mientras que algunos hombres han publicado comentarios llamándola "nena" o simplemente escribiendo: "Sexy." En una foto fechada el 19 de diciembre de 2011 (lo que hace que tenga aproximadamente cuatro años), aparece claramente sin camiseta aunque no se muestra toda su figura, y un hombre escribe en su comentario: "*u so sexy have pic nuda.*" Este comentario debería haber sido borrado y este hombre bloqueado para que nunca pudiera ver sus fotos, sin embargo, no parece que se le esté protegiendo de esta objetificación. En defensa de la carrera de esta joven, una mujer escribe que todos sabemos que hemos querido ser ella. Lamentablemente, esto es muy cierto. ¿Cuán jóvenes éramos cuando surgió el deseo de ser admiradas por los demás por nuestra apariencia?

En el extremo opuesto del espectro de nuestra sociedad, un artículo de *Christianity Today* explica las creencias de los Amish que conllevan a su apariencia física particular:

> Su principio fundamental es: "No os conforméis a este mundo"... Los amish valoran el colectivismo, no el individualismo. Creen que los colores brillantes o los estampados atraen la atención hacia una persona.
>
> Algunas de sus prendas se abrochan con alfileres rectos o ganchos, para evitar los botones, que podrían ser motivo de orgullo. Su Ordnung, o norma de vida, lo especifica todo, desde el tipo de zapatos que se pueden usar hasta la anchura de las alas de los sombreros. Las mujeres llevan un manto blanco en la cabeza si están casadas, y negro si son solteras. Los hombres casados llevan barba, los solteros no. Los bigotes están prohibidos porque se asocian con los militares europeos del siglo XIX... La Ordnung hace hincapié en las virtudes de la humildad, la obediencia y la sencillez.
>
> Los amish creen que las fotos pueden llevar al orgullo e invadir su intimidad. Creen que las fotografías violan Éxodo 20:4: "No te harás imagen, ni ninguna semejanza de lo que esté arriba en el cielo, ni abajo en la tierra, ni en las aguas debajo de la tierra." Los amish han conservado la costumbre de tener muñecos sin rostro, los cuales están de acuerdo con sus perspectivas críticas sobre el orgullo y la vanidad.[xvi]

La respuesta de la sociedad a la búsqueda de la belleza varía enormemente. En los reportajes sobre el modelaje infantil, muchas mujeres simpatizan con los niños, compartiendo que una vez fueron valorados por ser bonitos y ahora luchan con la baja autoestima y la autovaloración cuando han madurado hasta la mediana edad. Otras defienden todas las formas de mejora, incluido el fenómeno de la Barbie humana. En respuesta a un artículo publicado en la red, una mujer afirma: "*Al fin y al cabo, no se ve una personalidad desde el otro lado de la habitación, ¿verdad? Es una oportunidad para que las mujeres sean quienes quieren ser y no sólo vivan con el cuerpo y la cara con los que nacieron*"[xvii] Sea cual sea nuestro punto de vista natural, podemos encontrar seguidores que nos apoyen. La pregunta que debemos hacernos es: ¿Qué piensa Dios de todo esto?

Lee Romanos 12:1-2. En el versículo 1 se nos dice que ofrezcamos nuestros cuerpos como "*sacrificios vivos, santos y agradables a Dios*". ¿En qué se diferencia esto de la visión que tiene el mundo de la finalidad de nuestros cuerpos?

_____

_____

_____

En nuestro mundo actual vemos extremos que van desde pagar a un cirujano para que nos convierta en una Barbie hasta evitar todo adorno físico en la comunidad amish. ¿Cómo podemos determinar por nosotros mismos cuánto esfuerzo debemos poner en nuestra apariencia física? La promesa en el versículo 2 es que si somos transformados en nuestras mentes entonces "*podremos probar y aprobar cuál es la voluntad de Dios.*"

¿Ha sido transformada tu mente para ver tu cuerpo desde una perspectiva piadosa en vez de mundana? Puede que no elijamos seguir las prácticas de los Amish, pero los ideales a los que ellos le dan prioridad son admirables y bíblicos. Humildad. Obediencia. Sencillez. ¿Alguien que te observa a diario te vería valorando estos ideales de relación, moda y belleza?

_____

_____

_____

Lee 1 Pedro 3:3-4. Dios no prohíbe expresamente prácticas de belleza específicas. ¿Cuál es el corazón detrás de este consejo de Pedro?

_____

_____

_____

Clemente, uno de los primeros escritores cristianos, resume bien este mensaje cuando escribe: "*Los que se glorían en su aspecto -y no en su corazón- se visten para agradar a los demás.*"[xviii]

No discutimos que vivimos en una sociedad vanidosa, pero ¿vemos nuestra propia vanidad? Cuando oyes la palabra vanidad, ¿en qué piensas?

_____

_____

La mayoría de nosotros no nos consideramos vanidosos porque esto implica que nos creemos increíblemente bellos. La primera definición que aparece para "vanidoso" en el diccionario dice: "***excesivamente orgulloso o preocupado por su propia apariencia, cualidades, logros, etc.; engreído***". Si a menudo nos sentimos inseguros de nosotros mismos, podríamos pensar que no somos vanidosos ni engreídos. Obsérvese que la definición incluye la preocupación por la apariencia propia. Una mujer que se ahoga en una inseguridad que le repugna puede ser tan vanidosa como la que se pavonea como un pavo real.

Las definiciones de "vano" continúan: "*carencia de valor real; vacío; inútil; algo sin valor, trivial o sin sentido; ineficaz o infructuoso; fútil; sin significado, valor o importancia reales; sin fundamento o sin valor; sin sentido o insensato.*"[xix] Tendemos a utilizar la palabra "superficial" como sinónimo de la primera definición de "vanidoso", imaginando quizá a una mujer hermosa que dedica mucho tiempo y energía a su apariencia. Consideremos la definición real: "*externo o exterior; preocupado o que sólo comprende lo que está en la superficie o es obvio; superficial; no profundo y minucioso; aparente más que real; insustancial o insignificante*".[xx]

En pocas palabras, la vanidad o superficialidad es valorar lo temporal por encima de lo eterno.

La Biblia tiene más de una docena de palabras diferentes que se refieren a la vanidad. Esta semana veremos sólo algunas de ellas.

Día Dos: Dioses Falsos

"Los que siguen a ídolos vanos abandonan el amor de Dios."

~ Jonás 2:8

En la versión NVI, el Salmo 4:2 dice,"*Y ustedes, señores, ¿hasta cuándo cambiarán mi gloria en vergüenza?*

¿Hasta cuándo amarán ídolos vanos e irán en pos de lo ilusorio? " *La versión Reina Valera dice*," Ustedes, hombres mortales, ¿hasta cuándo ofenderán al que es mi gloria, y amarán y buscarán la falsedad y la mentira? " *La palabra para vanidad aquí es riyq que significa "vacío, ocioso, vano, figuradamente, una cosa sin valor; adverbialmente, en vano: vacío, sin propósito"*. "Arrendamiento" parece una palabra tan extraña para ser usada en relación a dioses falsos o idolatría. La palabra hebrea es *kazob* que significa "**mentira, falsedad, cosa engañosa, cualquier cosa que engaña por falsa esperanza**". Los dioses falsos ciertamente dan falsas esperanzas considerando que no poseen ningún poder real.

Profundizando en la definición etimológica de la palabra, descubrimos que en inglés medieval las palabras "falso" y "alquiler" procedían de la misma raíz: *les*. Podemos ver la conexión. Cuando arrendamos o alquilamos algo, se trata sólo de una posesión temporal: tenemos la ilusión de ser propietarios, pero en realidad no poseemos nada.

Dios no se centra tanto en cómo calificamos nuestro nivel de atractivo como en la inutilidad de estas cualidades en comparación con Su gloria. ¿Cuánto tiempo dedicamos a mantener nuestra apariencia? Según un estudio, las mujeres dedican un promedio de veinte minutos al día para maquillarse. ¿Y qué decir del tiempo que dedicamos a comprar el maquillaje, así como a comprar ropa, zapatos y accesorios, a arreglarnos el pelo y las uñas, a leer revistas de moda y a peinarnos cada mañana? Incluso podemos dedicar más tiempo a nuestro aspecto personal: hacer ejercicio para perder peso o mantenerlo, investigar sobre las modas dietéticas y comprar artículos que nos ayuden a conseguirlo. Pensemos también en la apariencia de nuestros carros, nuestras casas y nuestro jardín. Si añadimos las horas dedicadas a ganar el dinero para pagar estos servicios, uno puede empezar a preguntarse cómo tenemos tiempo para cualquier otra cosa.

¿Cuántas horas a la semana calculas que dedicas a todo lo descrito anteriormente?

_____

_____

Obviamente, una casa, comida y ropa son necesidades, pero considere la diferencia entre tener lo esencial y tener lo que tiene actualmente. ¿Cuántas prendas de vestir son necesarias para considerarse "vestido"? ¿Cuánta comida y de qué tipo es necesaria? ¿Cuán grande y decorada debe de estar la casa?

Lee Mateo 6:25-33. ¿Cuáles son las cosas por las que se nos dice que no debemos preocuparnos?

Cuando se imagina "preocuparse", ¿piensa automáticamente en una mujer inquieta, retorciéndose las manos y dando vueltas por el suelo con una sensación de ansiedad en el estómago? La definición de "preocuparse" es "*dar paso a la ansiedad o la inquietud; permitir que la mente se detenga en dificultades o problemas*". Si estamos priorizando cualquier aspecto de nuestras vidas, seguramente hemos estado morando en ello en nuestras mentes. La RV traduce esto como "*no pensar en*". Jesús no se está refiriendo necesariamente a aquello por lo que sentimos ansiedad, sino a lo que convertimos en una preocupación primordial en nuestra mente.

Un sitio web informa de estas estadísticas:

1. La mujer estadounidense gasta un promedio de 216 dólares al año en maquillaje, lo que suma un total de 15,000 dólares a lo largo de su vida.
2. Gasta 3,770 dólares sólo en máscara de pestañas.
3. Repone su neceser de maquillaje unas cinco veces al año.
4. Al final de este artículo sobre belleza aparece el siguiente anuncio: "*¡Haz que esos 15,000 dólares cuenten y echa un vistazo a las mejores ofertas de belleza de primavera en nuestra galería!*"[xxi]

La sociedad no se disculpa por estas prioridades. Las explota. ¿Qué hacen los de la industria de la belleza con la información de que las mujeres gastan 216 dólares al año en maquillaje? Intentan que sean 300 dólares. Es entendible, teniendo en cuenta que es su trabajo y su medio de vida, pero deberíamos recordarlo cuando nos sentimos presionadas para seguir las tendencias y "normas" que cambian constantemente.

El sector de la cirugía estética no es diferente. Una intervención suele poner de relieve la necesidad de la siguiente. En un reciente artículo de la revista *Time*, Joel Stein informa: "*En Estados Unidos, los médicos realizaron más de 15 millones de procedimientos cosméticos en el año 2014, un aumento del 13% desde 2011 y más del doble que en 2000. La mayor parte de los 13 mil millones de dólares que los estadounidenses gastan en procedimientos cosméticos es para la cirugía*", pero también incluye procedimientos no quirúrgicos como los 3.6 millones de inyecciones de Botox administradas el año pasado. Estas cifras no harán sino aumentar. En 2014, una encuesta de la Sociedad Americana de Cirugía Dermatológica "*encontró que el 52% de las personas están considerando tratamientos estéticos.*" La prevalencia de mejorar quirúrgicamente nuestra belleza está aumentando también en muchos otros países. "*Hace cinco años, Brasil hizo deducible de impuestos la cirugía plástica*". Irán, "**donde las mujeres se cubren el pelo y el cuerpo pero no la nariz, lidera el mundo en rinoplastia.**"[xxii] Incluso los podiatras han empezado a centrarse en embellecer nuestros pies. Un médico ha desarrollado el "*procedimiento Cenicienta*" para que los pacientes puedan calzar mejor zapatos de tacón alto. Muchos de sus pacientes pagan entre 2,000 y 4,000 dólares por acortar dedos "*anormalmente*" largos.[xxiii]

Stein afirma que la cirugía estética es el nuevo maquillaje y que muy pronto el mismo número de mujeres que compran cosméticos se someterán al quirófano. Afirma que "***no es porque nos odiemos, temamos envejecer o seamos vanidosas***", sino porque todo el mundo lo hace. Cree que los motivos serán "***sólo para parecer presentables***" o "***sólo para que las otras madres del colegio no sobrestimen tu edad.***"

¿No es esto vanidad, según la definición de Dios?

¿Dónde está el límite entre una atención sana a nuestra apariencia y la vanidad? Si la cirugía estética es el nuevo maquillaje, como argumenta Stein, ¿deberíamos preocuparnos por nuestros corazones si usamos maquillaje y tintes para el pelo?

Dios raramente da detalles en cuanto a las actitudes del corazón. En el Antiguo Testamento se daba la Ley -y se incumplía continuamente-, pero en la nueva promesa introducida por Jesús, nos enseña a preocuparnos por armonizar nuestro corazón con el de Dios en lugar de seguir por letra a la Ley. Jesús reprende a los que aman el dinero, pero no ofrece explicaciones detalladas sobre cuánto dinero es demasiado para gastarlo en nosotros mismos o cuántas horas son demasiadas para dedicarlas al trabajo. Muchas de las enseñanzas de Jesús vienen en forma de parábolas, que demuestran principios y conceptos generales, pero no nos dan reglas a seguir.

Lo mismo ocurre con este tema. Al igual que con la avaricia, debemos poner el límite en la idolatría. Un ídolo era un objeto físico en el que la gente ponía su seguridad en lugar de Dios. En el Salmo 4, David señala que deshonramos la gloria de Dios cuando buscamos lo que está vacío. Dios ve estas aspiraciones como falsos dioses que le sustituyen a Él.

¿Ha sido alguna vez la belleza o la apariencia un falso dios en tu vida? ¿Cuáles son los indicadores de ello?

_____

_____

¿Es tu belleza o atractivo físico fuente de seguridad en tu vida? Si esta seguridad se amenazara por el envejecimiento o por las expectativas cada vez más altas de la sociedad, ¿hasta dónde llegarías para mantenerla?

_____

_____

Lee 1 Corintios 10:1-17. Escribe las advertencias relacionadas con la idolatría.

_____

_____

Pablo explica que los acontecimientos del Antiguo Testamento "*les sucedieron a ellos como ejemplos y fueron escritos como advertencias para nosotros.*" Es probable que la mayoría de nosotros nunca nos crucemos con un ídolo pagano, pero aun así podemos prestar atención a estas advertencias. Dios no considera idolatría sólo la adoración de ídolos. En otras partes de las Escrituras se hace referencia a la avaricia como idolatría. En este pasaje somos advertidos de no "*poner nuestro corazón en cosas malas como hicieron [los israelitas]*". Las cosas malas en las que sus corazones estaban puestos eran fuentes de placer y seguridad que no eran Dios.

Consideremos la palabra utilizada en 1 Corintios 10:14 acerca de cómo debemos reaccionar ante los ídolos: debemos huir. La palabra griega aquí es *pheugo*, que significa "*huir, rehuir o evitar por medio de la huida algo aborrecible, o escapar sano y salvo de un peligro*". Esta es la palabra utilizada cuando se les dice a José y María que viajen a Egipto para proteger a Jesús. Básicamente, ¡significa huir por tu vida!

¿Estás huyendo del falso dios de la belleza? Considera la perspectiva de Pablo sobre su cuerpo justo antes de este pasaje. Lee 1 Corintios 9:24-27.

En "*Un sacrificio vivo: The Beauty of a Body Broken for Others*", Amanda Wortham comparte un sentimiento similar:

> Podemos fingir que los cuerpos son santuarios de nuestra juventud, pero es mejor considerarlos lugares. Pueden ser refugios y hogares. Pueden ser agentes de misericordia. Pero para lo que no están hechos es para ser preservados. Lo natural es que se estiren, se doblen y se rompan, que se enturbien por el tacto y se perturben por la necesidad.[xxiv]

¿Ves tu cuerpo como un recipiente para uso de Dios o como un santuario que hay que conservar? ¿De qué manera es tu cuerpo un agente para los propósitos de Dios?

_____

_____

_____

Puede que no utilicemos la cirugía plástica para preservarnos. Para muchas de nosotras, la conservación es digital.

En Proverbios 31:30, vemos otro uso de la palabra vano, esta vez traducida como "fugaz". La palabra *hebel* utilizada aquí significa literalmente "vapor" o "aliento", pero en otros lugares se traduce como "vanidad". Aquí se utiliza en referencia a la belleza exterior.

Imagino que era mucho más fácil convencer a una joven de la época de Salomón de que la belleza era pasajera que a una de la época actual. Una vez que una mujer pasaba la flor de la vida, su belleza era simplemente un recuerdo. ¿Acaso una abuela del año 400 a.C. quería que la gente dijera: "*Recuerdas qué guapa era Hefzibá cuando era más joven*", o quería que hablaran de sus admirables cualidades del presente?

Hoy, sin embargo, una joven puede conmemorarse a sí misma en su mejor momento tocando la pantalla de su teléfono móvil. Vivimos en la generación del selfie.

Muchos culpan a las redes sociales del auge de estos comportamientos obsesivos. Uno de esos autores argumenta:

> Según un científico de alto nivel, Facebook y Twitter han creado una generación obsesionada consigo misma, con un periodo de atención corto y un deseo infantil de recibir información constante sobre sus vidas. La exposición repetida a las redes sociales hace que los usuarios sufran una "crisis de identidad" y deseen llamar la atención como un niño que dice: "Mira mama, lo que puedo hacer"... Algunos usuarios llegan a la necesidad de convertirse en "mini celebridades" buscando ser vistos y admirados diariamente. Hacen cosas "dignas de Facebook" porque la única forma de sentirse bien es ser reconocidos por los demás. Es casi como si la gente viviera en un mundo irreal, un mundo en el que lo que cuenta es lo que la gente piensa de ti o si te dan un "click"... Piensa en las implicaciones para la sociedad si la gente se preocupa más por lo que los demás piensan de ellos que por lo que ellos piensan de sí mismos.[xxv]

Cuando yo estaba en la universidad, las chicas se recogían el pelo en una coleta y usaban pijamas para ir a clase. Tal vez fuera sólo un ejemplo de pereza, pero también refleja la poca importancia de nuestra apariencia cotidiana. Para mí, había una clara distinción entre los acontecimientos dignos de foto (en los que dedicaba más tiempo a mi aspecto) y las ocasiones en las que me esforzaba poco o nada. Ahora parece que cada segundo es digno de una foto. Alguien puede hacerme una foto y publicarla para que todo el mundo la vea en cualquier momento y lugar. Un sitio web dice: "*Hoy cada dos minutos tomamos la cantidad de fotos tomadas por toda la humanidad en el siglo XIX*".[xxvi]

En 2011 había 140 billones de fotografías en Facebook, es decir, 10,000 veces más que las fotografías de las colecciones de la Biblioteca del Congreso. En 2006 se hicieron 53 billones de fotos. Es decir, 177 por persona. En 2011, 80 billones, 255 por persona. En 2015, 105 billones, 322 por persona.[xxvii] Stein argumenta que una de las razones por las que la cirugía estética es cada vez más común es porque "*debido a las redes sociales y a las cámaras de los teléfonos, todo el mundo está siempre en la alfombra roja.*" Según Stein, las mujeres incluso se hacen "*estiramientos de manos justo después de comprometerse para presumir de sus anillos en Facebook e Instagram.*"[xxviii]

Muchos creen que estamos criando una horda de narcisistas. Muchos rasgos del narcisismo comienzan con un enfoque en la belleza exterior o logros tales como un grandioso sentido de autoimportancia (por ejemplo, exageración de logros y talentos); estar preocupado con fantasías de éxito ilimitado, el poder, la brillantez, la belleza, o el amor ideal; exigiendo excesiva admiración; y, a menudo ser envidioso de los demás o asumir que los demás son envidiosos de ella. Otros rasgos están relacionados con el trato a los demás: un fuerte sentido del derecho (por ejemplo, expectativas poco razonables de un trato especialmente favorable o cumplimiento automático de sus expectativas); explotación de los demás (por ejemplo, se aprovecha de los demás para conseguir sus propios fines); y falta de empatía (por ejemplo, no está dispuesto a reconocer o identificarse con los sentimientos y necesidades de los demás).[xxix]

¿Cómo contribuye la preocupación por la apariencia externa a este tipo de actitudes?

_____

_____

El narcisismo va en contra del cristianismo. Es complacer a la gente en el sentido de esperar la admiración continua de la gente. Lee las palabras de Pablo más adelante en 1 Corintios 10:23-24: "***Todo está permitido pero no todo es beneficioso. Todo está permitido, pero no todo es constructivo. Nadie debe buscar su propio bien, sino el bien de los demás***". Irónicamente, es considerar el bien de los demás lo que puede alejarnos de esta forma de complacencia con la gente. Cuando pensamos en cómo podemos emplear nuestro tiempo y energía para beneficiar realmente a los demás, en lugar de usarlo para aumentar su admiración por nuestra belleza, probablemente nos sentiremos menos inclinados a tomar medidas extremas para hacernos más jóvenes o atractivos.

Por último, una forma de poner a prueba tu corazón es colocarte en el escenario del Joven Gobernante Rico. Lee Marcos 10:17-31.

Jesús no le pidió a todos los seguidores potenciales que entregaran todo su dinero a los pobres. Este hombre luchaba específicamente con desprenderse de su dinero debido a la idolatría a la codicia, la comodidad y la seguridad. Jesús reconoció este corazón y deseó que este hombre se arrepintiera renunciando a la única cosa que le impedía una lealtad incondicional a Dios. Tal vez a Dios no le importen los productos que te pones en la cara, pero sí le importa tu corazón. ¿Sufres de idolatría de adoración de la belleza? ¿Podrías renunciar a todos tus productos de belleza y seguir a Jesús completamente en el estado natural que Dios te creó? ¿Qué sería lo más difícil?

_____

_____

Si esto es completamente imposible, ¿qué revela esto sobre tu corazón?

_____

_____

Al considerar la vanidad en tu propia vida, pregúntate: ¿Busco complacer a los demás en el mismo sentido que ellos me aprueben, acepten y admiren, o busco beneficiar a los demás, aunque no me vea bonita mientras lo hago?

_____

_____

Día Tres: La Inseguridad

> "Dos son los pecados que ha cometido mi pueblo: Me han abandonado a mí, fuente de agua viva, y han cavado sus propias cisternas, cisternas rotas que no retienen agua."
>
> ~ Jeremías 2:13

Como mujer en Estados Unidos me siento presionada para sobresalir como esposa, madre y profesional. Debería tener una casa impecable con una decoración moderna, un marido exitoso y cariñoso y unos hijos bien educados, bien vestidos y adorables. Debería llevar una talla 4, v estir a la última moda, tener el pelo y la piel perfectos y sonreír mientras empujo el carro por el pasillo de la compra. Debería ser capaz de conciliar el hecho de ser una madre divertida, tranquila y creativa, capaz de preparar los brownies más sabrosos sin que parezca que se los ha comido nunca, con el de ser una mujer de negocios segura de sí misma y sin pelos en la lengua, capaz de enfrentarse a cualquier hombre y ganar más dinero que él. Debería tener buen aspecto incluso embarazada de nueve meses con ropa premamá o a los dos días de salir del hospital (como la princesa Kate).

No es sorprendente que la inseguridad afecte a tantas mujeres. Nos comparamos con otras mujeres cuyo trabajo consiste en estar guapas, a la moda y delgadas. Hace poco leí una revista de belleza en la que una conocida actriz se quejaba de que ahora que ha tenido un hijo no se ha hecho un tratamiento facial profesional en casi nueve meses. Yo ni siquiera tengo tiempo de hacerme un tratamiento facial en casa de la cadena Rite-Aid, y mucho menos de ir a un salón de belleza para que me lo haga un profesional. Si pasar nueve meses sin un tratamiento facial era extremo, ¿con qué frecuencia debía hacérselo antes de tener hijos? El estándar de belleza que vemos requiere un mantenimiento constante, sin mencionar las imágenes fotográficas retocadas. Cuando compro maquillaje en el centro comercial, ¿debo esperar parecerme a las fotos de las mujeres que lo anuncian? Un tubo de crema antiarrugas no puede producir los mismos resultados que horas de maquillaje y retoques digitales. No estoy condenando a estas mujeres que están en el candelero. Digo todo esto para recordar a la s que no somos modelos, actrices o gurús del fitness a sueldo que hemos aceptado unos estándares antinaturales como nuestro ideal. Definitivamente soy una defensora de la salud y la forma física, pero ¿sería realista que perdiera mi peso de mi bebé tan rápido como una actriz que se prepara para una película de acción entrenando ocho horas al día? ¿Soy capaz de alcanzar el mismo nivel de forma física que alguien a quien le prepara la comida un chef personal? ¿Es sano estar pendiente de cada grupo muscular de mi cuerpo y de lo tonificado que parece?

La película *Chicas malas* muestra de forma cómica cómo es la experiencia de una joven que fue educada en su casa y criada en Sudáfrica, que intenta relacionarse con las chicas populares de un colegio estadounidense. Mientras estas chicas guapas se examinan en el espejo, se lamentan de sus pantorrillas gordas, sus "**hombros de hombre**", sus extrañas rayas del pelo y sus grandes poros. La extranjera piensa para sí: "***Antes pensaba que sólo había gordas y flacas; aparentemente , hay muchas cosas que están mal con tu cuerpo***". Para encajar, añade que tenía mal aliento por las mañanas. La cuestión está clara: nos enseñan a estar insatisfechos con nuestro aspecto.

Incluso hemos empezado a inundar a nuestros hijos con la idea de que cualquier defecto, por pequeño que sea, debe arreglarse. No hay más que buscar el libro infantil *Mi bella mamá*, escrito por un cirujano plástico **"para ayudar a sus pacientes, ya que muchas se someten a** "cambios de imagen para mamás", **que pueden incluir liposucción, aumento de pecho y elevación de senos para revertir los cambios del parto y la lactancia."**[xxx] El libro compara la transformación antinatural de la cirugía con el proceso natural de una larva que se convierte en mariposa. ¿No deberíamos enseñar a nuestras hijas que nosotras -y ellas- somos bellas sin cirugía?

En tu etapa actual de la vida, ¿qué imágenes de la feminidad aplaude la sociedad?

_____

_____

¿Alguna de estas imágenes te hace sentir presionado para ajustarte a las normas del mundo?

_____

_____

Como discutimos ayer, la idolatría es el hecho de tratar a una persona, objeto o idea como un dios. Podemos adorar a los dioses o temerlos. Para algunos de nosotros la vanidad puede ser un dios opresivo, pero aún así puede gobernar nuestras vidas. El odio a uno mismo, la inseguridad, la obsesión con nuestra apariencia es tan vanidoso en un sentido bíblico como el orgullo excesivo.

Palabras como "autoestima", "autovaloración" y "autorrealización" se utilizan en referencia a la búsqueda de la belleza haciéndola sonar noble y psicológicamente saludable. Pero, ¿en qué se basa esta autoestima? En la comparación con los demás y en las opiniones de simples personas. En Realself.com, un sitio en el que se habla de procedimientos estéticos y recomendaciones de médicos, una mujer publicó su razón para buscar un cirujano estético: "***Tuve un bebé y algunos han pensado que soy su abuela".***[xxxi] **Puede que nos convenzamos de que** "lo hago por mí; no es por los demás", pero ¿se nos habría ocurrido siquiera esa idea si no nos hubiéramos visto influidas por las percepciones de los demás, ya sea en referencia a nosotras o a las mujeres en general? Vivimos en un mundo en el que nos sometemos voluntariamente a procedimientos médicos peligrosos, caros e innecesarios por lo que piensan "***algunas personas***".

Además del gasto económico de estos procedimientos, las mujeres asumen gastos físicos en forma de efectos secundarios y graves riesgos. Al elegir someterse a un procedimiento totalmente opcional e innecesario, están poniendo en peligro sus vidas. Los riesgos de la anestesia general incluyen coágulos de sangre (potencialmente mortales) en los pulmones, problemas en las vías respiratorias que provocan falta de oxígeno en el cerebro de la paciente y trastornos cognitivos postoperatorios, que alteran la mente de la paciente de forma permanente e irreparable.[xxxii] Cualquier procedimiento conlleva también el riesgo potencialmente letal de infección. Otros riesgos de este tipo de intervenciones quirúrgicas son hematomas, lesiones nerviosas, cicatrices, daños en órganos, hemorragias internas o, simplemente, malos resultados e insatisfacción. La realización de estos procedimientos por profesionales sin licencia o mal capacitados no hace sino aumentar estos riesgos Stein señala un aumento de los procedimientos realizados por "*médicos formados en otros países, enfermeras, auxiliares médicos e incluso cosmetólogos*" que "*atraen a los pacientes con honorarios bajos, la voluntad de utilizar productos ilegales para el relleno permanente de las arrugas, un ambiente agradable o la comodidad de no tener que pedir cita con semanas de antelación*".[xxxiii] Hay un sinfín de personas ahí fuera esperando aprovecharse de quienes están desesperados por superarse.

Lee Jeremías 2:5 y 11-13. La palabra para vanidad aquí es *habal* que significa vacío o algo transitorio e insatisfactorio, de la palabra para "aliento" y se traduce en la NVI como "sin valor".

¿Por qué afirma Dios que poner seguridad en un ídolo es lo mismo que encontrar faltas en Él o abandonarlo?

_____

_____

¿En qué medida es lo mismo criticar nuestras apariencias naturales que criticar a Dios?

_____

_____

Muchos pacientes de cirugía estética piden parecerse menos a su raza. Stein informa: "*Mientras que los procedimientos cosméticos realizados en caucásicos aumentaron un 38% de 2004 a 2014 en los EE.UU., se dispararon un 146% para los asiáticos... y un 72% para los afroamericanos....*".[Un] buen número de esos procedimientos se hicieron para dar a los asiáticos el pliegue sobre el ojo que tienen otras razas, o en el caso de los afroamericanos, para adelgazar la nariz".[xxxiv] Stein explica que los cirujanos clasifican sus intervenciones en tres categorías: sexualizantes (por ejemplo, el aumento de pecho), normalizadoras (por ejemplo, la operación de nariz) y antienvejecimiento (por ejemplo, el estiramiento facial). Entonces, ¿hacerse parecer menos asiático sería un procedimiento "normalizador"? Quizá deberíamos desechar toda idea de "normal" antes de que todos parezcamos idénticos.

Como ilustra Jeremías, somos un pueblo roto. La búsqueda de la vanidad ha llevado a muchas mujeres a sentirse inútiles. Jeremías lo aclara claramente aquí: nos sentimos inútiles porque lo que perseguimos no vale nada. Del mismo modo que "*somos lo que comemos*", nos convertimos en lo que estamos persiguiendo..

¿Cuáles son las cisternas que se están cavando? Trastornos alimentarios, drogadicción, automutilación, por nombrar sólo algunos. Un estudio de la YWCA descubrió que "*más de la mitad de las adolescentes recurren a comportamientos poco saludables para controlar su peso, como por ejemplo omitir comidas, ayunar, fumar cigarrillos, vomitar y tomar laxantes*". El cáncer de pulmón superó al cáncer de mama como principal causa de muerte por cáncer entre las mujeres en EE.UU., y sin embargo el 13% de todas las mujeres afirman que fuman[únicamente]para perder peso."[xxxv] *Recientemente ha salido a la luz en los medios de* comunicación una nueva enfermedad mental: el trastorno de disformidad corporal (TDC). *La Dra. Katharine Phillips, psiquiatra y experta en TDC, afirma:* "Las personas con esta enfermedad mental ven una versión distorsionada -y a menudo grotesca- de sí mismas cuando se miran al espejo." *Un hombre con TDC explica:* "Cuando me miraba al espejo, no podía parar, porque estaba desesperada por arreglar mi cara, por camuflarla... Había veces que me quedaba mirando durante horas, que no podía apartar la mirada". La angustia por su aspecto le llevó a faltar a clase durante semanas e incluso a plantearse el suicidio. "*Las personas con este trastorno piensan que son tan feas que no quieren salir de casa. He visto a personas con TDC que no han salido de casa en cinco o seis años*", dijo Phillips.[xxxvi] Afirma expresamente que no cree que esta enfermedad sea una forma de vanidad, y quizá en forma de enfermedad mental no lo sea, pero ¿no es la vanidad lo que nos lleva a preocuparnos por nuestra apariencia, ya sea positiva o negativa?

Si uno se enfoca en las cualidades exteriores y temporales de una persona y en cómo se compara con esas cualidades en los demás, lo que persigue es la vanidad. Nunca será feliz porque una cisterna rota no puede retener el agua. A los ojos de Dios, todo es un soplo. En cambio, Él ofrece el agua viva e inagotable de Su Hijo. No tenemos que ganar un concurso de belleza para recibir este premio. Menos mal que Dios mira el corazón y no juzga el exterior.

En el bachillerato leí una novela en la que una chica había sufrido un accidente que le había roto la nariz. Siempre había odiado su nariz y estaba secretamente contenta de haber podido someterse a una operación que estaba cubierta por el seguro de sus padres y que era necesaria para no parecer vanidosa. Durante el resto de la escuela secundaria, deseé en secreto que algún desafortunado accidente de gimnasia me rompiera la nariz y justificara por completo la rinoplastia. Esto puede ser el epítome de mi complacencia con la gente: un deseo de ajustarme a los ideales de belleza de la sociedad sin parecer preocupada por la belleza.

No estoy diciendo que esté mal preocuparse por nuestra apariencia. Dios hizo este mundo hermoso. Podría haber creado un mundo lleno de tonos grises, pero en lugar de eso nos dio el prisma de los colores. En todos nosotros hay una apreciación innata de la belleza en diversas formas. Entonces, ¿cómo podemos discernir si nuestro deseo de exhibir belleza es poco saludable o piadoso? Debemos analizar dónde residen nuestros deseos últimos y cómo priorizamos nuestro tiempo, energía y dinero. ¿Podemos empezar un día sin tomarnos tiempo para leer la Palabra de Dios o hablar con Él, y sin embargo no podemos salir de casa sin completar nuestro régimen de maquillaje y peinado? ¿Vale la pena perfeccionar nuestra apariencia y llegar tarde a la iglesia? ¿Nos encontramos trabajando más de lo necesario para mantener un estilo de vida de apariencia?

¿Hay señales en tu vida de que la inseguridad te está controlando?

_____

_____

Del mismo modo que apreciar la belleza no es pecado, la Biblia también aboga por una dedicación adecuada a la salud. El deseo de Dios es que cada uno de nosotros cuide del templo que nos dio para albergar a su Espíritu Santo. Debemos dedicar parte de nuestro tiempo y recursos a mantenernos sanos.

Debemos llevar una vida disciplinada que incluya una alimentación sana y ejercicio sin caer en prácticas poco saludables con el fin de obtener un determinado resultado porque queremos impresionar a los demás. Cuando me convertí en cristiana, pasé de un extremo de obsesionarme con mi aspecto físico y la forma en la que los hombres responderían a él, a no poner ningún esfuerzo en mi apariencia. Una querida amiga mía fue lo suficientemente valiente para señalarme que mi apariencia se había vuelto descuidada. Había umentado 15 libras, llevaba meses sin cortarme el pelo y había dejado de depilarme las cejas. Necesitaba convencerme de que debía llevar una vida disciplinada, no porque eso me llevara a tener un cuerpo en bikini, sino porque cuanto más sana esté, más plenamente podré servir al Señor, y tener un aspecto presentable es respetable e influye en los demás.

Lee 1 Timoteo 4:8, Filipenses 3:18-20 y 1 Tesalonicenses 4:12. Según estos pasajes, ¿cuáles son algunas motivaciones saludables y piadosas para mantener nuestras apariencias?

La inseguridad lleva a la "*desesperación por la afirmación*." Aumenta nuestra disposición a comprometer nuestra moral para sentirnos valorados de alguna manera. Nos hace vulnerables a los ataques. Como veremos en la próxima sección, a menudo también conduce a la inmodestia y la impureza.

Día Cuatro: La Modestia

Más bien, que la belleza de ustedes sea la incorruptible, la que procede de lo íntimo del corazón y consiste en un espíritu humilde y apacible. Esta sí que tiene mucho valor delante de Dios.

1 Pedro 3:4

Dios compara a menudo la conformidad de su pueblo con las prácticas paganas de otras naciones como prostitución. Lea Ezequiel 16:1-34.

Se trata de una historia perturbadora y hermosa a la vez. Trata de imaginar el escenario que Dios está describiendo: Una niña nace y es arrojada a un campo abierto para que muera porque no sólo no es amada, sino que en realidad es "***despreciada***". Un joven encuentra a esta niña y se asegura de que crezca hasta la madurez, no por deseo lujurioso sino por compasión y amor. Años más tarde se da cuenta de que este bebé se ha convertido en una hermosa mujer y le pide que se case con él. Le jura que le será fiel y que la cuidará y protegerá, y hace un pacto con ella: una promesa de por vida de estar unido sólo a ella. La acoge en su casa y no sólo la limpia tras su vida de desamparo, sino que le da todo lo mejor que el mundo ofrece en términos de perfumes, ropa y comida. Llega a ser reconocida como una reina, la mujer más perfectamente bella jamás conocida. Si esto terminara ahí, sería la historia de Cenicienta perfecta.

Pero la historia no termina ahí. La mujer pone su seguridad en su belleza y fama. Se convierte en prostituta. Toma todo lo bueno que le ha dado su marido y lo utiliza para dedicarse a todo lo que él odia. Incluso sacrifica a sus hijos por esta forma de vida. Se vuelve tan desesperada por la atención de los hombres que, a diferencia de otras prostitutas, no pide dinero, sino que les paga.

Imagínate la angustia de este esposo. Así se siente Dios cuando tomamos las cosas buenas que nos ha dado y las usamos para tener una aventura amorosa con el mundo.

Es interesante que Dios tan a menudo use escenarios sexuales un tanto ilícitos para ilustrar su enseñanza. Así como entendemos que si plantas una semilla en la tierra crece o que se necesita esfuerzo para pescar un pez, entendemos el significado de la intimidad física. Este escenario nos horroriza. No queremos ser este tipo de esposa para un esposo o para Dios.

Las advertencias aquí pueden aplicarse a muchas formas de vida mundana, pero veamos sólo tres afirmaciones hechas en este pasaje. ¿Cómo pueden aplicarse a nosotras hoy?

_____

_____

1."confías en tu belleza"

_____

_____

2" derrochas tus favores a todo el que pasa y tu belleza se vuelve suya "

___

___

3." construyes altos santuarios y degradas tu belleza "

___

___

En esta representación, la mujer mantenía relaciones físicas con otros hombres. ¿No hacemos nosotras lo mismo cuando nos vestimos de forma reveladora o sexualmente atractiva para los hombres que nos rodean? Todo lo que distribuimos se convierte en posesión de otra persona. Si horneo galletas y las reparto, espero que otros se las coman. Si canto una canción en público, espero que la gente me oiga. Si expongo ciertas partes de mi cuerpo para que sean visibles a los ojos del público, ¿no espero que los hombres me miren? Y cuando lo hacen, mi belleza -creada por Dios para ser inocente y pura y reservada para la alianza sagrada del matrimonio con un hombre- pasa a ser de todos.

Cada foto que publicamos en traje de baño en Facebook, la hemos entregado para que sea posesión de cualquiera que la desee para cualquier propósito. Cada centímetro de nosotros mismos que revelamos en público es posesión del mundo. Dios es más celoso que cualquier novio o marido y con razón, ya que no sólo le pertenecemos sino que Él creó cada célula de nuestros cuerpos.

Lee Jeremías 4:30. La palabra para vanidad aquí es *shav*: "**vacío, falsedad, nada, de palabra, mentira, inutilidad (de conducta)**". ¿Qué significa hacer algo en vano?

___

___

¿Qué esperaban obtener estas mujeres al adornarse?

___

___

El último versículo de este pasaje es escalofriante: "***Tus amantes te desprecian; buscan tu vida***". Aunque estas mujeres probablemente buscaban la seguridad de un hombre, ya fuera emocional o económicamente, la seguridad era lo último que encontrarían. Eran simples objetos para los hombres cuyas miradas buscaban; eran un placer desechable.

Se parece muchísimo a la cultura actual, inundada por la pornografía, la prostitución y la explotación de seres humanos. La situación actual es espantosa: el negocio del entretenimiento para adultos es una industria de 4 billones de dólares que emplea a más de 50,000 personas. Cada segundo se gastan $3,000 dólares, y cada 39 minutos se graba un nuevo vídeo. No es difícil encontrar vínculos entre el visionado de pornografía y el aumento del tráfico sexual. Un estudio de la Oficina Federal de Prisiones descubrió que el 85% de los presos declarados culpables de poseer pornografía infantil también habían abusado sexualmente al menos a un menor. La imagen se traduce en acción..

Este es un tema en el que la mayoría de nuestra cultura estará de acuerdo, cristiana o no. Las mujeres no quieren que las traten como objetos ni que abusen de ellas. Sin embargo, a menudo se acepta una versión glamorosa de esta depravación. La novela erótica Cincuenta Sombras de Grey vendió más de 125 millones de ejemplares, y la versión cinematográfica recaudó más de 500 millones de dólares en todo el mundo. La palabra "chulazo" se ha convertido en sinónimo de ""moda"" o ""con estilo"". Algunos padres visten a sus bebés con ropa de la empresa Pimpfants. Muchas de las revistas más populares son sexuales, ya sea abiertamente o con "buen gusto": Cosmo es la decimosexta revista más vendida, Maxim la vigésima, vendiendo más de 2.5 millones de ejemplares al año, Playboy la quincuagésima tercera. Nada relacionado con el cristianismo figura entre las 100 primeras.[xxxvii]

¿Qué complace a los ojos de millones de personas en todo el mundo? Imágenes sexuales degradantes, inmorales, incluso enfermizas. ¿Queremos formar parte de eso? Sin embargo, continuamente escucho objeciones a la norma de modestia de Dios. Respondamos a algunas de estas objeciones:

1.No es mi problema si los hombres no pueden controlar sus pensamientos.

Salomón nos da una idea de la perspectiva de Dios sobre el dilema masculino. Lee Proverbios 5:2-6, 6:24-26, 7:6-27. ¿Qué nos dicen estos versículos sobre lo tentadoras que son las mujeres para los hombres?

_____

_____

Ahora lee Proverbios 5:1 y 7-23, 6:16-23 y 27-35, 7:1-5. ¿Qué nos dicen estos versículos sobre lo que Dios espera de los hombres a pesar de las tentaciones que puedan sufrir?

_____

_____

_____

Jesús también trata el tema de la responsabilidad por el pecado. Lee Lucas 17:1-2.

Los hombres cristianos luchan para redirigir su mirada durante toda la semana para entonces su hermana en Cristo se sienta a su lado en la iglesia y con su falda corta. Lo que debería ser su santuario, su breve par de horas de respiro y preparación para la batalla espiritual de la semana, se ha convertido en otra vía para la tentación y el pecado.

En términos de modestia, haga una pequeña autoevaluación.

- ¿Qué tan bien estoy protegiendo los corazones de los hermanos?
- ¿Representando al cuerpo de Cristo?
- ¿Dando un buen ejemplo a los demás?

También podemos quejarnos de que, aunque los hombres cristianos afirman que no quieren ser tentados, parece que desean a las atractivas hermanas en Cristo cuando se trata de citas o matrimonio. Es perfectamente natural que incluso un hombre cristiano quiera sentirse atraído por la mujer con la que planea casarse. Pero si el hombre en el que usted tiene puesto su corazón quiere salir con usted porque usted está vestida con ropa ajustada, reveladora y con escote, ¿es este el hombre que usted quiere que la guíe espiritualmente? Si la belleza interior de la rectitud es agradable a Dios, también será atractiva para los hombres que buscan el corazón de Dios.

2. Nadie más viste modestamente, así que ¿por qué debería hacerlo yo?

La norma universal de decencia -cuando existe- es sencillamente no ser indecente. Cualquier otra cosa es apropiada. Nuestra norma es ser irreprochables, ser un ejemplo, no una piedra de tropiezo. Debemos aspirar a la pureza total, no sólo a la ausencia de impureza descarada.

En cuanto a nuestra vestimenta, ¿qué agrada al mundo?

_____

_____

Cuando empecé a escribir este capítulo, estaba sentada en una cafetería y me llamó la atención un programa en la televisión que había en una esquina. Al parecer, un nuevo diseñador se está haciendo bastante famoso por coger ropa corriente y cortarla de manera que apenas cubra las partes más íntimas del cuerpo de una mujer. Ofrece trajes de baño que parecen sacados de Eduardo Manostijeras y camisetas que cuelgan en tiras. Las mujeres se alinean en las calles de Nueva York esperando a que él les corte la ropa hasta que parezca uno de sus diseños. Esto es la moda.

Podemos encontrar que incluso dentro de nuestra iglesia es difícil ver la diferencia con el mundo. ¿Es la respuesta rebajar nuestros propios criterios para igualarlos?

Lee Ezequiel 33:1-11. ¿Cómo se aplica esto a nosotros cuando vemos inmodestia o impureza a nuestro alrededor en la iglesia?

_____

_____

_____

Esto se aplica especialmente a las madres. Somos el ejemplo y el maestro de nuestros hijos. ¿Quién dicta lo que se pone su hijo o adolescente? ¿Permites la falta de pudor? ¿Por qué?

___

___

___

Tenemos que empezar a inculcar convicciones sobre la modestia a nuestras hijas a una edad temprana. Puede que sean dulces e inocentes bebés a nuestros ojos durante toda su vida, pero los preadolescentes del colegio ya no las ven como niñas. Recuerdo cuando la dinámica entre chicos y chicas cambió en sexto curso. Estoy segura de que hoy ocurre a una edad aún más temprana.

3.No puedo encontrar ropa que sea modesta.

Pregúntale a una hermana de confianza en Cristo si consideraría que tu apariencia es modesta. Si luchas contra la inmodestia, pregúntate por qué. Puede ser una razón práctica: ¿Llevas ropa que no te queda bien porque has engordado o por falta de dinero? ¿Necesitas comprar en otra tienda o departamento para encontrar la ropa adecuada? ¿Necesitas dedicar más tiempo para probarte la ropa y ver cómo te queda al sentarte, agacharte, etc.? Vestir con modestia puede requerir un poco de reflexión y esfuerzo. Te lo digo yo, una de las muchas mujeres que ha tenido que ingeniárselas para encontrar prendas de su limitado armario que sean accesibles para amamantar a un bebé y también modestas después de haber engordado seis kilos.

Podemos afirmar que no pensamos mucho en la ropa que llevamos, así que la inmodestia no es intencionada. Puede que sea así, pero hay algún motivo detrás de nuestras elecciones, ya sea la comodidad, el costo o la reacción que esperamos evocar en los demás.

¿Existe alguna razón práctica por la que parte de tu vestuario sea inapropiado? ¿Estás dispuesto a hacer los sacrificios necesarios para corregirlo?

___

___

¿O la razón es del corazón? ¿Quieres estar a la moda y encajar con tus iguales? ¿Quieres seducir a un hombre? ¿Sientes que necesitas competir en apariencia con otras mujeres para que los hombres se fijen en ti? ¿Te sientes insegura en otros aspectos de tu vida, como la inteligencia o el talento, y crees que tu aspecto es todo lo que puedes ofrecer?

___

___

En ultimadamente, la modestia se reduce a nuestros corazones y a nuestras convicciones de honrar a Dios con nuestros cuerpos.

Lee Isaías 3:16-26. Este pasaje no describe ningún tipo de ropa reveladora, pero el corazón aquí es similar al descrito por otros profetas en relación con la impureza. ¿Por qué está Dios tan enojado con estas mujeres?

___

___

Si sigues leyendo en 4:2-4, ¿qué es lo que Dios considera bello?

___

___

Hagamos nuestro el objetivo de ser bellos según las normas de Dios, no las del mundo.

Día Cinco: El Materialismo

> "Compramos cosas que no necesitamos con dinero que no tenemos para impresionar a gente que no nos gusta."
>
> ~ Chuck Palahniuk, Fight Club

¿Cómo ve el mundo a los ricos? No hay más que ver lo que aparece en los medios de comunicación. Los lectores de las revistas quieren ver fotos de los vestidos de novia de los famosos y las mansiones de los ricos y famosos. Numerosos reality shows revelan lo que hacen los ricos con todo su dinero. Las giras por Hollywood llevan a los aficionados de un lado a otro sólo para que puedan echar un vistazo a las casas de los famosos a través de las rejas de hierro de las puertas de seguridad. Aunque sepamos que nunca tendremos dinero para comprar estas casas, nos cautivan. Queremos maravillarnos con el estilo de vida de los demás.

¿Cómo ve Dios la riqueza? En Apocalipsis 3:17: Dice: "*Soy rico, me he enriquecido y no me hace falta nada*"; pero no te das cuenta de cuán infeliz y miserable, pobre, ciego y desnudo eres tú.

Usando las definiciones griegas y otros versículos que usan estos términos, he reescrito esta declaración de Dios: "*Dices que porque tienes abundancia de posesiones físicas, no necesitas a nadie, ni nada. Pero ni siquiera puedes ver que estás afligido con más trabajos y problemas, que tendrás más tentaciones y tropiezos que superar, que eres miserable y deberías ser compadecido por toda la gente, eres desprovisto de virtud y riquezas eternas, un futuro mendigo a las puertas del cielo. Estás mental y espiritualmente ciego, y aunque tienes muchas ropas bonitas estás espiritualmente desvestido y desnudo*".

Lee Romanos 1:21-25. Traducido como "fútil" en la NVI, *mataioo* significa "*hacer vacío, vano, tonto*". El versículo 25 dice: "*Cambiaron la verdad de Dios por la mentira, y adoraron y sirvieron a las cosas creadas antes que al Creador*". Se da una lista de pecados que resultan de este estado mental, incluyendo "avaricia". ¿Cómo se relaciona la codicia con las formas de pensar de los versículos 21 y 25?

___

___

Cuando nos preocupamos por cómo nos ve la gente, nos veremos impulsados a una vida de excesos, incluso a endeudarnos para estar a la altura de lo que tienen los demás.

Dios no odia a los ricos. Sólo ve el dinero como otra forma de vanidad: sin sentido, temporal y que no ofrece ninguna seguridad real. Y nos considera tontos cuando caemos en la mentira de que sí puede hacerlo. José de Arimatea, llamado "hombre rico" en Mateo 27:57, también es llamado "discípulo de Jesús", así que no es imposible ser rico y seguir a Jesús. ¿Por qué crees que Jesús le pidió al joven rico (Lucas 18:18-30) que sacrificara todas sus riquezas pero aparentemente no le pidió lo mismo a José?

___

Los Diez Mandamientos nos dicen que no debemos tener otros dioses que el Dios verdadero, Jehová. Jesús personifica en más de una ocasión la riqueza como un dios, en referencia a historias de la época. Los escritores siguieron utilizando este personaje hasta la Edad Media. En la alegoría cristiana *The Faerie Queene*, Edmund Spenser pinta una vívida imagen de Mammon, el dios de la riqueza, atesorando sus riquezas en una cueva junto a la entrada del inframundo y tentando a Sir Guyon durante tres días.

Mammon pregunta al caballero: **"¿No sabes que el dinero puede suplir tus necesidades a voluntad?"**. El caballero responde que las riquezas son la raíz de todo malestar:

Primero se consiguen con engaño, luego se conservan con temor, y después se gastan con orgullo y derroche, dejando tras de sí dolor y pesar. De ellas surgen infinitos males, contiendas y debates, derramamiento de sangre y amargura. Un error escandaloso y una codicia infernal.

Los tiempos no han cambiado mucho, ¿verdad? ¿En qué medida sigue describiendo esto las repercusiones de la codicia hoy en día?

_____

_____

La respuesta final del caballero a esta criatura es que prefiere ser señor de sus riquezas a que sus riquezas sean señor de él. Este es el mismo mensaje que Jesús nos dice con respecto a Mammon.

Lee Lucas 16:1-15. Puede parecernos extraño que el astuto administrador fuera elogiado por algunas acciones cuestionables, pero su principal virtud es ésta: utilizó el dinero en lugar de adorarlo.

¿Cómo se ve adorar algo?

_____

_____

¿Cómo se ve utilizar algo?

_____

_____

Dios nos da el dinero para usarlo, no para adorarlo. Cuando lo adoramos, nos convertimos en sus esclavos. Cuando adoramos el estatus o el respeto que el dinero puede darnos de otras personas, somos igualmente esclavizados.

Lee Ezequiel 16:49. Según este versículo, ¿cuáles fueron los pecados de Sodoma?

_____

¿Cómo se ve la "*despreocupación*"?

_____

_____

La palabra usada aquí se traduce en la RV como "**abundancia de ociosidad**". Estar ocioso es estar en paz e imperturbable. Dios quiere que estemos despreocupados de lo que la gente piensa de nosotros, despreocupados de lo que tu auto, ropa, casa u otras posesiones materiales comunican al mundo sobre ti. Quiere que nos preocupemos por los demás, por satisfacer sus necesidades básicas (Santiago 2:16) y por su bienestar espiritual.

No faltan necesidades básicas por las que preocuparse a nuestro alrededor y en todo el mundo. En 2014, los estadounidenses gastaron más de 18 mil millones de dólares en celebrar San Valentín. (700 millones de esa cifra se gastaron en regalos para mascotas).[xxxviii] Por el módico precio de sólo 13 billones de dólares, podríamos haber proporcionado nutrición básica y medicinas a todas las personas pobres del mundo.[xxxix] Resolver los problemas del mundo no recae sobre nuestros hombros -de hecho, Jesús dijo que los pobres siempre estarán entre nosotros (Marcos 14:7)-, pero debería inquietarnos si no nos conciernen los menos afortunados y consistentemente hacemos algo por ellos.

El espíritu de arrepentimiento se ve claramente en la segunda mitad de Efesios 4. Despojarse del viejo yo y ser "*hechos nuevos en la actitud de [nuestras] mentes ... para ser como Dios en verdadera justicia y santidad*". Y se ve exteriormente cuando los que mentían dicen la verdad, los que estaban enojados resuelven sus disputas, y los que han estado robando "*hacen algo útil ... para que puedan tener algo que compartir con los necesitados*" (vv. 22-28). ¿como se nota el fruto del arrepentimiento al materialismo de las personas complacientes?

_____

_____

_____

Día Seis: La Ambición

> Vi, además, que tanto el afán como el éxito en la vida despiertan envidias. Y también esto es vanidad; ¡es correr tras el viento!
>
> Eclesiastés 4:4

Por último, veremos un uso de la palabra *kenodoxia*: "**gloria vana; infundada, autoestima; orgullo vacío**".

Lee Filipenses 2:3. ¿Cuáles son tus ambiciones en la vida?

_____

_____

¿Cuál es la diferencia entre aspiración y ambición?

_____

_____

La aspiración se define como: "*el deseo sincero de conseguir algún tipo de logro o distinción, como poder, honor, fama o riqueza, y la voluntad de esforzarse por conseguirlo*".[xl] La aspiración es una motivación saludable que nos lleva a ser excelentes en las áreas en las que nos centramos. Es un rasgo piadoso cuando nuestros corazones son como se describe en Colosenses 3:22-24: sinceros, reverentes hacia Dios, trabajando como si sirvieran al Señor. Pero cuando nos volvemos competitivos unos con otros para ser siempre los mejores y ser alabados y reconocidos, nos hemos convertido en complacientes de la gente. La competencia se convierte en pecado cuando nuestra sed de reconocimiento es a costa de los demás.

Lee Habacuc 2:4-11. Afortunadamente, hoy en día la mayoría de las sociedades funcionan de tal manera que una persona puede encontrar el éxito éticamente a través del trabajo duro y/o la educación. No necesariamente tenemos que engañar o pisotear a los demás para salir adelante. Sin embargo, esto no significa que nuestros corazones sean puros en nuestra búsqueda del éxito. Considera el corazón de la persona descrita: hinchado, con deseos injustos, no viviendo por fe, codicioso, nunca satisfecho, intentando escapar de las garras de la ruina. Los motivos egoístas en nuestro trabajo nos llevan a caminos de pecado para tener éxito.

¿Te identificas con alguna de ellas en lo que se refiere a tus anhelos en la vida? ¿En qué sentido?

_____

_____

Lee Eclesiastés 4:4, 8-9, 5:8-17. ¿Por qué considera Salomón que nuestro trabajo es vanidad?

_____

_____

En un estudio reciente, "*economistas de la Universidad de Cornell ofrecieron a más de 2.500 personas la posibilidad de elegir entre un trabajo remunerado con 50.000 libras (81.425 dólares) y un 'horario razonable', que les permitiera dormir toda la noche, y otro más pesado con un 'horario inusual', que les permitiera dormir sólo seis horas, pero con una remuneración de 90.000 libras (146.555 dólares). La mayoría de los encuestados eligió el trabajo bien remunerado con un horario inusual, aun reconociendo que les haría menos felices*".[xli] Según la encuesta, los encuestados reconocen que el dinero no conduce necesariamente a la felicidad. No fue simplemente la codicia lo que les llevó a elegir. Otras razones fueron el estatus del trabajo mejor pagado, el mayor sentido de propósito que conlleva un trabajo mejor remunerado y la creencia de que un sueldo mayor haría más felices a sus familias.

El estatus basado en la trayectoria profesional se ha convertido en tal preocupación en la sociedad que algunos estudiosos lo han etiquetado como una nueva forma de discriminación: "ocupacionismo". El profesor de Stanford John Krumboltz afirma que, al igual que el sexismo o el edadismo, no es más que otra forma de "*juzgar a los individuos en función de su pertenencia a un grupo... Se juzga a la gente por su pertenencia a una ocupación - no por lo bien que se haga el trabajo... El prestigio se acumula en quienes tienen títulos de trabajo lujosos - no necesariamente en quienes hacen un buen trabajo.*" Una de las consecuencias es que "*a menudo se disuade a la gente de dedicarse a profesiones en las que tendría bastante éxito y sería feliz porque esas profesiones no ocupan un lugar suficientemente alto en la jerarquía del prestigio... El proceso de tomar decisiones se ha complicado por el creciente deseo de empleos de alto prestigio: médico, abogado, profesor.*"[xlii]

Lee el Salmo 62:9-10. Las distinciones de estatus "alto" o "bajo" siempre han existido. El salmista aborda principalmente la cuestión del descontento. Hoy en día, la movilidad social ha aumentado las posibilidades de descontento, ya que siempre sabemos que tenemos la libertad de ascender. En muchas ocupaciones, como la de vendedor, es un motivador utilizado por los empleadores para aumentar la productividad: no te conformes con tu sueldo, aspira siempre más. A mi marido le han aconsejado que se declare codicioso en las entrevistas, porque eso atraerá a los altos ejecutivos.

Krumboltz también encontró otros motivadores. Uno de los encuestados afirmó: "*Si no gano más dinero que mi padre, me consideraré un fracasado en la vida*".

¿Has permitido que las expectativas o la competencia con tu familia dicten tus objetivos en la vida?

_____

_____

Como la menor de siete hermanos, crecí viendo cómo seis de ellos triunfaban de muchas maneras. Tenía el deseo de aprender y rendir bien en la escuela, en parte por una sana aspiración de trabajar duro y obtener resultados, pero también porque quería estar a la altura de los logros de mis hermanos. Me esforzaba por hacer algo más digno de mención que los demás. La competencia en casa o en la escuela a menudo alimentaba mi afán por el éxito. Mi deseo no era solo aprender o hacerlo bien, sino ser el mejor de la clase en todas las asignaturas.

Conociendo mi carácter, mi padre utilizaba esto como motivación. En octavo, gané el concurso de deletreo de mi condado y pasé a competir en el concurso estatal. Mis padres me dijeron que mi hermana había hecho lo mismo años antes, pero no me dijeron en qué puesto había quedado. Lo único que sabía era que no había pasado al Concurso de deletreo Estatal, así que no había ganado. Me propuse a ganar. Cuando bajé del escenario (después de deletrear mal "umbrage"), me senté con mis padres en el público y conté los concursantes que quedaban. Había quedado séptimo. Mi padre se inclinó hacia mí y me susurró al oído: "*Tu hermana quedó décima*". Lamentablemente, esa era la confirmación que necesitaba para saber que lo había hecho bien.

A medida que he ido madurando, he visto cada vez con más claridad las motivaciones impuras de mi corazón y he necesitado crucificar mi ego. Una de mis batallas internas es si estudio o no mi doctorado. Puede que en el futuro siga estudiando o puede que no, pero no quiero que mi motivación sea para demostrar que puedo o para añadir unas iniciales impresionantes a mi nombre. Tal vez en algún momento tenga más sentido para nuestra familia, pero no quiero elegir una carrera más gloriosa a expensas de mi familia y de mi relación con Dios si la verdadera recompensa que busco es mi propia gloria.

Según Krumboltz, elegir nuestra carrera "*es una decisión que afecta todo en nuestro futuro, no sólo a cómo pasamos ocho horas al día, 50 semanas al año, sino probablemente con quién nos vamos a casar, el barrio en el que vivimos, quiénes van a ser nuestros amigos y cuánto dinero tenemos para gastar*". A los ojos del mundo, nuestras carreras lo son todo; determinan todo nuestro futuro.

Lee el Salmo 62:1, 11-12 y Eclesiastés 12:13-14. ¿Cuál es la perspectiva de Dios sobre nuestro trabajo?

___

___

¿De qué manera la visión mundana de tu carrera te lleva a la ambición vana?

___

___

¿Por qué ha elegido la carrera que ejerce o está ejerciendo?

___

Santiago 4:17, comúnmente conocido como "*el pecado de omisión*", dice: *"Cualquiera, pues, que sabe el bien que debe hacer y no lo hace, peca"*. Para una persona perfeccionista y obsesionada con el rendimiento, este versículo puede ser una pesadilla. Sólo la lista de cosas buenas que sé que podría estar haciendo probablemente podría llenar este libro. Probablemente podría vaciar mi cuenta bancaria sólo donando a las solicitudes de "GoFundMe" que he visto. Si me propusiera ayudar a todas las personas con necesidades físicas, emocionales o espirituales que he conocido o he visto nunca volvería a dormir. Pero Dios no amenaza con juzgarnos por cada posible buena acción que hayamos dejado de hacer. Veamos el contexto de este versículo.

Lee Santiago 4:13-17. Cuando consideras tu elección de carrera, ¿te permite servir a Dios? ¿Estás dispuesto a sacrificar algunos logros grandiosos si no se alinean con la voluntad de Dios?

___

___

___

___

Día Siete: Repaso Semanal

Recita el versículo de memorización.

¿Qué has aprendido de tu "ayuno" de esta semana?

_____

_____

¿En qué han cambiado tus prioridades esta última semana con la ausencia de estas influencias del mundo?

_____

_____

Imagina que llevas el ayuno a un extremo aún mayor: no compras nada y ni siquiera pones un pie en una tienda, no ves la televisión, nunca entras en Internet ni miras una revista, no te maquillas. Simplificas tu rutina matutina al mínimo y dedicas el tiempo extra a leer la Biblia y orar. ¿Cómo cambiaría tu vida por esa semana?

_____

_____

¿Qué aspecto de la vanidad mueve más tu corazón a cambiar más: la belleza, la modestia, el materialismo o la ambición egoísta?

_____

_____

Si eliminas tu deseo de agradar o de estar a la altura de los demás en este ámbito, ¿cómo sería de diferente tu vida?

_____

_____

Pensamiento Positivo:

¿De qué manera utilizas tu conocimiento sobre la cultura que te rodea para fines piadosos?

Semana Cuatro:

La Falsedad

Verso para memorizar:

Se pierden por haberse negado a amar la verdad y así ser salvos.

(2 Tesalonicenses 2:10b)

*   *   *   *   *

Día Uno: Verdadero o Falso

> *"Amigos y amantes mienten sin cesar, atrapados en la red de las apariencias. ¡Qué agotador!"*
>
> ~ Stephen King, The Gunslinger

Muchas personas se centran en los efectos que la complacencia tiene sobre ellos mismos. Pero también afecta negativamente a los demás. Complacer a la gente conduce a la deshonestidad y al engaño.

En la película *Mentiroso, mentiroso*, el hijo de un abogado pide el deseo de que su padre tenga que decir la verdad durante todo un día. Es divertido ver las payasadas de Jim Carrey cuando intenta por todos los medios torcer la verdad y salir de situaciones complicadas con mentiras, pero no puede. También es revelador considerar cuántas veces al día la gente puede mentir cuando no tiene motivos para no hacerlo. Unos años más tarde, una película titulada *La Invención de la Mentira* mostraba un vistazo a un mundo en el que todas las personas decían la verdad todo el tiempo. El protagonista de la película descubre que es capaz de mentir y se sale con la suya porque nadie más entiende este concepto.

Nos fascina la idea de una vida o una sociedad sin deshonestidad. ¿Cómo cambiaría tu vida si la gente pudiera decir siempre la verdad completa y total?

_____

_____

¿Por qué miente la gente?

_____

_____

A menudo es para conseguir lo que queremos, para manipular una situación y obtener un deseo egoísta. Creo que, en el caso de las mujeres, mentimos más a menudo para evitar lo que creemos que será una respuesta desagradable si decimos la verdad. Tememos a los resultados de una honestidad total. La verdad puede traer vergüenza, ofensa, ira, sentimientos heridos o simplemente más preguntas.

He encontrado en Internet algunas listas de las mentiras más comunes de las mujeres. Algunas son un poco cómicas, otras son más serias de lo que parecen, pero seguro que todas nos sentimos identificadas.

- No me reiré; lo prometo.
- Sólo estoy bromeando.
- Nunca recibí tu mensaje.
- He leído las condiciones y estoy de acuerdo.
- Estoy bien.
- Sólo estoy cansada.

- Estoy en camino. Estaré allí en cinco minutos.
- Lo siento, el tráfico era terrible.
- El cheque está en el correo.
- Muchas gracias. Me encanta.
- ¡Te ves genial!
- Yo no lo hice. No fui yo.
- Oh, sí, eso tiene sentido.
- Nunca te mentiría.

La mayoría de nosotras nos permitimos demasiada gracia en el ámbito de la honestidad. El término "*mentirita blanca*" obviamente no está en la Biblia, pero la prevalencia de este en nuestras vidas revela verdades dolorosas sobre nuestro carácter. ¿Por qué es tan difícil dar una respuesta directa y sincera? No tiene por qué ser dura ni ofensiva. Puede que tengamos que dedicar una pequeña cantidad de tiempo a deliberar sobre cómo decir la verdad con tacto, pero esto es preferible al esfuerzo de evitar enfrentarse a la verdad.

Piensa en la última vez que admitiste ante alguien que habías mentido. ¿Usaste la palabra "*mentira*"? ¿O fue algo más parecido a: "*Lo que he dicho antes no era exactamente correcto. En realidad...*" Consultando un diccionario, uno encontrará numerosas variaciones de mentira: deshonestidad, distorsión, evasión, fabricación, falsedad, exageración, inexactitud, cuento, mentirilla e invención. Otras categorías pueden ser el engaño o la omisión. Muchas de nuestras palabras para referirnos a la mentira implican inofensividad o trivialidad. Era una "mentirilla" o una "mentirilla piadosa". No sé cómo es posible que la palabra "blanco" -símbolo de pureza y bondad absolutas- se vincule a la mentira, pero su uso tranquiliza definitivamente nuestras conciencias. Como sinónimos de "mentira blanca" encontramos: casi verdad, verdad parcial, verdad a medias, falsedad inofensiva, ligera exageración, falsedad bien intencionada. Parece que ya no pensamos en polos opuestos de verdad o mentira, honestidad o deshonestidad, sino que hemos creado todo un espectro en el que podemos caer. Mientras no caigamos en la categoría de "mentiroso patológico", nos convencemos de que no estamos haciendo mal, al autoconvencernos que estamos bien.

Se trata de algo más que una cuestión de semántica; realmente vemos tantos tonos de gris entre la verdad y la mentira que incluso aquellos de nosotros que a menudo evitamos la verdad rara vez nos consideraríamos en realidad culpables de mentir. Considera esta lista de mentiras comunes aparentemente triviales. Junto a cada una de ellas, escribe una verdad que la mentira probablemente esté encubriendo. A continuación, escribe el miedo que lleva a alguien a decir eso en lugar de la verdad. En la siguiente columna, escribe una consecuencia de esta mentira que perjudique a quien la dice o a quien la recibe, aunque nadie sepa nunca que era falsa. He completado la primera como ejemplo.

Mentira común:	**Verdad:**	**Miedo:**	**Consecuencias:**
Yo estoy bien.	Mis sentimientos están heridos, pero no quiero hablar de ello.	La otra persona no entenderá mis sentimientos, no se disculpará y yo me sentiré tonta e infantil por sentirme ofendida.	Guardaré un rencor por este agravio percibido que me impedirá construir una amistad profunda con esta persona.
Se me olvido			
El tráfico es terrible; llegaré en cinco minutos.			
Muchas gracias; ¡me encanta!			
Me encantaría, pero estoy ocupado.			
Oh, sí, eso tiene sentido.			

¿Cuáles son algunos ejemplos de momentos en los que te sientes tentado a no decir toda la verdad?

Puede que en nuestra sociedad no tomemos en serio la mentira, pero Dios sí. La palabra "falso" se utiliza 118 veces en la Biblia. La Palabra de Dios habla de falsos testigos, falso testimonio, jurar en falso, falso informe, hablar en falso, falsas acusaciones, falsedades, falsos dioses, falsas esperanzas, falsos sueños, falsos profetas, falsas visiones, falsas palabras, falsos juramentos, falsos pesos, falsas pruebas, falsos mesías, falsos apóstoles, falsos creyentes, falsa humildad, falsos motivos y falsos maestros. Si quieres tener una mejor idea de lo que Dios piensa de la falsedad, haz un estudio de estos temas.

Dios les ordena a los judíos no dar falso testimonio contra el prójimo en los Diez Mandamientos (Éxodo 20:16). Acusa a los fariseos de ser hijos de Satanás por sus mentiras doctrinales (Juan 8:44). En una visión a Juan, Él advierte que todos los mentirosos serán enviados al Infierno (Apocalipsis 21:8). En la lista de siete cosas que son abominación a Dios en Proverbios 6:16-19, la mentira aparece dos veces. A menudo en el Antiguo Testamento, cuando los profetas se refieren a los principales pecados del pueblo que han merecido la ira de Dios, la mentira es uno de los principales pecados mencionados (Oseas 12:1, Amós 2:4, Miqueas 2:11, Nahum 3:1, Sofonías 1:9, Zacarías 5:3-4, 10:2).

No mentimos por ignorancia. Entendemos que Dios desea la verdad. En última instancia, elegimos mentir cuando nuestro temor al hombre anula nuestro temor a Dios. Escogemos la solución temporal a un problema porque no nos enfocamos en lo que es eterno. Proverbios 12:19 dice: "***Los labios sinceros permanecen para siempre, pero la lengua mentirosa dura solo un instante.***" La palabra "siempre" usada aquí es la misma usada en la existencia continua de Dios desde el pasado eterno hasta el futuro eterno.

Mientras Jesús vivía en la tierra, estaba continuamente centrado en lo eterno y no en lo temporal. Esta perspectiva le permitió soportar el sufrimiento, y le llevó a decir la verdad no importando cuales fueren las consecuencias.

Lee 1 Pedro 2:22-23 y 3:10. El libro de 1 Pedro está escrito a los cristianos que se enfrentaban a una intensa persecución hasta el punto de morir. Seguramente para ellos era más tentador mentir para salvarse de consecuencias perjudiciales que para nosotros en cualquier situación en la que nos encontremos. Pedro les recuerda el ejemplo de Jesús, que no mintió porque "*se encomendó a Aquel que juzga con justicia*" (2:23). A Jesús le importaba lo que Dios pensara de él, no lo que pensara la gente. Le importaban las consecuencias eternas de sus actos, no las a corto plazo. Tenía fe en que la verdad prevalecería al final.

Esta es una área en la que podemos engañarnos mucho a nosotros mismos. Nuestra primera inclinación puede ser pensar que rara vez o nunca mentimos porque simplemente no nos damos cuenta. Mientras trabajaba en el borrador de esta sección, empecé a notar cada vez más tentaciones de alterar la verdad en mi vida cotidiana. Siempre puedo contar con Dios para asegurarme de que estoy dispuesta a vivir lo que enseño. De hecho, unos días antes de que tuviera que enseñar una lección sobre la honestidad para nuestro estudio bíblico de mujeres, le mentí a mi esposo. Como regalo de Navidad, Él y mi suegra acababan de regalarme un anillo que era una reliquia familiar. No sólo es hermoso y la pieza de joyería más cara que he tenido, sino que también es obviamente precioso porque perteneció a su abuela, que había fallecido el año anterior. Salimos de compras una semana después de Navidad y, mientras me probaba suéteres en el probador, el anillo se enganchaba en todas las mangas. Me lo quité y lo colgué en uno de los ganchos pensando que seguramente no lo olvidaría porque lo tenía frente de mi. Error, error, error. Estoy segura de que muchos de ustedes están sacudiendo la cabeza mientras leen esto, especialmente mi familia y amigos, que saben que no puedo ir a ningún sitio sin olvidar o perder algo.

Cuando subí al carro con mi esposo, me percaté de lo que había hecho. Cuando salíamos del aparcamiento, solté: "*¡Creo que se me cayó el anillo en el probador! Tenemos que volver*". No fue una mentira premeditada. No medí conscientemente las consecuencias de decirle la verdad y decidí que era una historia más aceptable. Fue mi naturaleza pecaminosa, completamente instintiva, la que llegó a esa conclusión antes de que tuviera tiempo siquiera de formarse un pensamiento.

Es nuestra naturaleza mentir.

En Zacarías 5:3-4, se utilizan dos pecados para representar todos los pecados: el robo y la mentira. Puede que hoy no nos sintamos tan tentados a robar porque nuestra situación económica no es tan grave. En aquellos tiempos no había tarjetas de crédito, ni WIC, ni despensas de alimentos. Hoy en día se suele suponer que el motivo del robo es la codicia. Puede que así fuera en muchas de las situaciones del Antiguo

Testamento, pero la raíz de este pecado era probablemente el miedo. Cuando nos enfrentamos al miedo y a la desesperación en estas situaciones, deberíamos preguntarnos si habríamos elegido tomar el asunto en nuestras propias manos en lugar de confiar en Dios. Esta es la misma raíz que a menudo conduce a la deshonestidad. La falsedad ha sido siempre una de las tentaciones más comunes de la humanidad y también lo ha sido la práctica de intentar conseguir lo que deseamos o necesitamos sin confiar en Dios, o dicho de otro modo, sin obedecer los mandatos de Dios que no parecen conseguir esos fines para nosotros.

Tardé al menos veinte minutos en el coche de camino a casa en armarme de valor para decirle a mi marido no sólo lo descuidada que había sido con este valioso regalo, sino también que le había mentido. Por supuesto, fue increíblemente amable. La Biblia dice que el arrepentimiento trae descanso (Hechos 3:19-20), y esta situación demostró una vez más la fiabilidad de la Palabra de Dios: mi conciencia estaba tranquila ante Dios, me sentía más unida a mi marido y no quería volver a mentirle a él ni a nadie. Me sentí mucho más fresca y tranquila después de admitir mi engaño. La gracia nos motiva a cambiar.

Este es mi reto para ti:

Al final de cada día de esta semana (en el espacio vacío de el día siete), anota cualquier cosa que hayas dicho que no haya sido completamente sincera, incluso si lo hiciste sin querer: como una exageración, una excusa o una vaga respuesta de evasión. Anota también cada vez que te hayas sentido tentado a responder de un modo que no fuera sincero.

_____

_____

_____

Día Dos: La Libertad de la Honestidad

Jesús respondió:

> "[L]a razón por la que nací y vine al mundo es para dar testimonio de la verdad. Todos los que están del lado de la verdad me escuchan".
>
> ~ Juan 18:37

Durante la primera mitad de mi vida mentí por muchas razones, pero el tipo de mentira más frecuente en mi infancia y adolescencia fue por miedo y vergüenza. Había muchos aspectos de mi vida que quería mantener en secreto ante mis amigos y compañeros, especialmente el hecho de que era muy pobre. Quería aparentar lo que no era y a menudo me esforzaba mucho para conseguirlo.

Mi familia vivía en una enorme finca en las afueras de la ciudad, más adentro en el campo que las familias amish de la zona. Aunque odiaba la distancia que me separaba de mis amigos, me permitía ocultar la magnitud de nuestra pobreza. Para disimular mi vergüenza, glamorizaba los aspectos de mi vida que me hacían diferente. En el colegio contaba anécdotas divertidas sobre nuestros vecinos, esforzándome por distinguirme de los demás que vivían en circunstancias similares a las mías. Mi padre era jugador profesional de bolos, una profesión que, por desgracia, no era muy lucrativa (sobre todo para una familia con siete hijos), pero que yo podía hacer que a mis amigos les pareciera interesante.

Cuando estaba en tercero, mi abuela se mudó a una casa trailer al final de nuestro camino de entrada. Hasta entonces no teníamos teléfono, pero cuando ella consiguió uno compramos un inalámbrico que captaba su señal. Tenía que quedarme fuera para tener cobertura, así que en los meses fríos de invierno me pasaba muchas horas temblando en la nieve hablando con mis amistades. Ninguno de ellos sabía que estaba fuera. Escondía el castañeteo de mis dientes y hablaba despreocupadamente como si estuviera tumbada en la cama, igual que ellos. Cuando mi hermano se atrevía a contar una historia veraz sobre nuestra familia o nuestra casa, yo los convencía que estaba mintiendo, lo que simplemente lo hacía parecer ridículo. Podría llenar este libro con las elaboraciones para ocultar las rarezas de mi vida que temía que me impidieran a encajar y todas las formas en que estas mentiras perjudicaban a los demás.

Una de las mayores promesas de Jesús a la que me he aferrado desde que lo hice Señor de mi vida hace diecisiete años es que *"...y la verdad los hará libres"* (Juan 8:32). Viví una vida cargada de cautiverio en los años en que recurrí a la mentira como solución. Una vez que tomé la decisión de que mentir ya no era una opción bajo ninguna circunstancia, me liberé de la constante ansiedad de ser descubierta, del acto de equilibrio de mantener múltiples personalidades, de la frenética búsqueda en mi mente de la mejor respuesta que podía dar. La libertad de saber que, sea cual sea la pregunta que me hagan, siempre responderé con la verdad, independientemente de las consecuencias negativas que pueda tener, es increíble.

En esta conversación, Jesús se refiere a algo más que la simple acción de mentir frente a la de ser honesto. Con la palabra "verdad" se refiere a la realidad de quién es Dios, quién es Él como Mesías, y toda la realidad espiritual más allá de la vista del ojo humano. Esencialmente, mis mentiras eran una negación de esta verdad, no sólo de la verdad sobre la limpieza de mi casa. Estaba centrado en lo externo, lo temporal, los aspectos de mi vida que otros podían ver, en lugar del único aspecto de mi vida que realmente importaba - mi relación con Dios - porque en ese momento no tenía una verdadera relación con Él.

Isaías 5:18 pinta un cuadro vívido de cómo se sienten vidas como la mía: "*Ay de los que arrastran iniquidad con cuerdas de mentira, y el pecado como con cuerdas de carreta!*". Hasta que no tomemos la decisión de seguir a Jesús por completo y vivir una vida de luz y verdad, estaremos arrastrando una pesada carreta llena de nuestras culpas y equipaje. Imagina a una mujer bien vestida y atractiva sonriendo dolorosamente mientras entra a una habitación, tratando de pretender que no tiene cuerdas a su alrededor que están conectadas a una gran carreta apilada con basura podrida y apestosa. Eso es básicamente lo que somos si no hemos sido liberados del pecado para vivir en la luz de caminar como Cristo.

Lee 2 Corintios 4:1-6. Escribe todas las palabras o frases relacionadas con la deshonestidad en este pasaje.

_____

_____

_____

Ahora escribe todas las palabras relacionadas con la verdad.

_____

_____

_____

La frase que más me llama la atención en este pasaje (tal como está traducida en la NASB) es "*andando con astucia*" (v.2). La palabra griega para esto es *panourgos*, que literalmente significa "*todo-funcionando; haciendo todo*". La expresión moderna equivalente es "*jugar a todo*". En otras palabras, significa tratar de complacer a todos. Esta frase resume mi vida antes de Cristo.

Mi transición de vivir como una mentirosa que complace a la gente a caminar en la verdad fue sencilla: una decisión de decir siempre la verdad sin importar las posibles consecuencias, y un compromiso de confesar cualquier mentira que diga (a la persona a la que se la dije) si no cumplo con el primer compromiso. Cuanto más mentimos sin confesar ni arrepentirnos, más fácil nos resulta. Nadie puede vivir en un estado de culpa para siempre; o nos arrepentimos o nos endurecemos y seguimos adelante, lo que sólo nos lleva a cometer más pecados.

Una de mis mejores amigas de la universidad se me acercó un día y me dijo nerviosa: "*Tengo algo que decirte*". Respiré hondo y me preparé para lo peor. Me confesó: "*Nunca he leído el libro Las uvas de la ira*".

Al parecer, en una conversación que ya no recuerdo, un grupo de amigos estábamos hablando de John Steinbeck, mi autor favorito, y para participar en la conversación mi amiga insinuó que había leído *Las uvas de la Ira,* uno de sus libros.

Apparently in some conversation no me recordaba de esa conversación en grupo en la cual hablábamos de John Steinbeck, mi autor favorito, en lo cual para unirse a nuestra conversación mi amiga insinuó que ella había leído *Las Uvas de la Ira.* Evidentemente, no perjudicaba a nadie, pero le remordía la conciencia el hecho de habernos mentido descaradamente sólo para parecer culta. No recuerdo mi respuesta exacta a esta confesión, pero creo que fue sobre todo una carcajada. Sin embargo, nunca olvidaré este acto de amistad por su parte. El hecho de que quisiera confesarlo me hizo sentirme valorada como su amiga.

Si sólo confesamos nuestra deshonestidad a Dios y no a aquellos a quienes hemos mentido, seguimos viviendo sin arrepentirnos de la complacencia. Si la motivación para mentir fue evitar una respuesta negativa de otra persona, no nos hemos arrepentido verdaderamente hasta que nos hayamos enfrentado a esa persona y admitido nuestra falsedad. Las confesiones absurdas que he hecho sobre exagerar una historia para conseguir un efecto humorístico o redactar algo de forma engañosa han revelado mi corazón y me han convencido aún más de mi pecado, al tener que enfrentarme a la reacción que temía. Lo más convincente es que la respuesta suele ser amable e indulgente, y a menudo me he dado cuenta de que mis temores eran completamente inválidos y mis suposiciones sobre los demás, injustas.

Si tu reacción ante la idea de ser siempre sincera con los demás es el miedo instantáneo a que todo el mundo te odie, la solución no es seguir tapando lo que hay en tu corazón; es arrepentirte de lo que hay en tu corazón. En última instancia, esto requerirá la ayuda de otras mujeres espirituales que necesitan ver la realidad bajo la superficie. En Efesios 4:25, Pablo exhorta a los miembros de la iglesia de Éfeso a que acaben con toda falsedad y, en su lugar, hablen siempre con la verdad los unos a los otros. Unos versículos más adelante afirma: "Eviten toda conversación obscena. Por lo contrario, que sus palabras contribuyan a la necesaria edificación y sean de bendición para quienes escuchan. Si la verdad no edifica y anima a los demás, la solución no es ser falsos y ocultar la verdad, sino cambiar nuestra perspectiva. Si lo que hay en nuestros corazones es "obsceno", entonces nuestra atención debe centrarse en cómo hacerlo saludable, no en cómo sonar saludable.

Ser sincero no justifica la grosería, la negatividad o el chisme. Si alguien nos hace una pregunta sobre información privada de otra persona, podemos decir sencillamente y con sinceridad que preferimos no contestar o que sería mejor hablar con las personas implicadas. El compromiso con la honestidad no significa que estemos obligados a divulgar toda la información que tenemos en la cabeza o todas las emociones que hemos sentido. Una respuesta sincera puede tener tacto y ser amable. En situaciones negativas, podemos sacar el lado positivo. En lugar de cambiar "estoy bien" por una letanía de quejas, puedo responder: "*Ha sido un día duro, pero... [algún aspecto positivo del día]*".

En última instancia, debemos asegurarnos de que nuestra definición de la verdad coincide con la de Dios. Mentir no es un pecado casual, sin sentido y trivial. Es un signo de falta de fe en Dios. ¿Eres honesto siempre, sean cuales sean las circunstancias? Si no es así, ¿qué indica esto sobre tu fe?

Día Tres: Poner Excusas

> *"Las excusas no son más que mentiras envueltas en un bonito papel."*
>
> ~ Coach Sonny
>
> *"El que es bueno para inventar excusas rara vez es bueno para otra cosa."*
>
> ~ Benjamin Franklyn

Hoy vamos a hablar de uno de esos tipos de mentiras menos obvias. ¿Qué es una excusa? ¿Qué convierte una "razón" en una "excusa"?

_____

_____

¿Por qué una excusa es una mentira?

_____

_____

¿Por qué ponemos excusas? ¿Cuáles son las posibles reacciones ante una respuesta sincera?

_____

_____

A menudo nos estrujamos el cerebro buscando una lista de razones por las que fallamos en haber cumplido con algo, rechazando la razón principal por inadecuadas y recurriendo a una razón secundaria o terciaria (o lo que venga después de terciaria). Por ejemplo, la excusa de, "*el tráfico era terrible*" implica que esa es la única razón por la que has llegado tarde, pero si eso sólo implicó cinco minutos de los quince, es mentira. ¿O cómo decidimos explicar por qué no estábamos en un lugar donde se esperaba que estuviéramos como iglesia? Tal vez la razón principal, con toda honestidad, sea: "***Me quedé dormido y me desperté con tiempo suficiente para arreglarme rápidamente y venir, pero no me apetecía, así que me volví a la cama***". Algunos de nosotros podríamos ser lo suficientemente "honestos" como para decir que nos quedamos dormidos, pero ¿es honesto si hacemos creer al receptor de la respuesta que en realidad dormimos durante toda la iglesia? Tal vez la noche anterior nuestro hijo estaba enfermo (pero mejor por la mañana), así que en lugar de aceptar la responsabilidad de nuestra propia decisión, respondemos: "***Oh, Billy estaba enfermo***". Esta es una afirmación verdadera, pero no la razón para faltar a la iglesia.

A veces podemos creer firmemente que nuestras acciones están justificadas, pero estamos seguros de que la persona que nos pregunta cuestionará nuestra decisión o no la entenderá. ¿Es ésta una razón para ser deshonestos? Si no has cometido ningún pecado, ¿por qué pecar para evitar hablar de tu falta de pecado?

¿Estoy diciendo que si faltaste a la iglesia porque realmente no tenías ganas de ir, y cuando alguien te pregunte por qué no fuiste a la iglesia, deberías decir justamente eso? SÍ. ¿Por qué? Porque deberías querer que tu corazón sea expuesto, corregido y guiado a ser más como Jesús. Si realmente no tenías ganas de hacer algo, confiesa y termina con eso. Tal vez tu corazón necesita ser desafiado. Tal vez necesites un poco de gracia. Tal vez la otra persona involucrada en la conversación sea comprensiva. Sea cual sea la respuesta, confía en que Dios te está dando lo que necesitas en ese momento. Y tal vez lo que más necesitas es aprender que puedes decir la verdad y que el mundo no se derrumbará a tu alrededor.

Lee Proverbios 22:13. ¿Por qué alguien haría esta excusa?

_____

_____

Parecemos así de ridículos cuando ponemos excusas. Por lo general, la gente se dará cuenta y pareceremos aún más tontos que si hubiéramos dicho toda la verdad. Pero es tentador escondernos detrás de las circunstancias en lugar de ser honestos sobre el estado de nuestros corazones.

Las excusas vienen de decir lo que creemos que la gente quiere oír, en lugar de la verdad. Por esta misma razón, si complacer a la gente te lleva a decir que sí a todo lo que te piden, te encontrarás buscando muchas excusas cuando no puedas cumplir tus promesas.

Lee Mateo 21:28-32. El hijo dijo: "***Lo haré, señor***", pero luego no lo cumplió. ¿Por qué dijo inicialmente que cumpliría la petición de su padre? Quizá tenía toda la intención de hacerlo, pero no lo hizo. Eso nos pasa a todos. Pero lo que también nos ocurre a todos es aceptar rápidamente un compromiso o una decisión sin reflexionar lo suficiente para decidir si realmente lo cumpliremos. Puede que alguna vez hayamos dicho "sí" sabiendo muy bien mientras lo decíamos que en realidad queríamos decir "no". En estos casos seguramente sabíamos que estábamos siendo deshonestos. Pero, ¿nos tomamos en serio las veces que simplemente decimos "sí" demasiado deprisa? ¿Somos conscientes de por qué lo hacemos y de lo que intentamos evitar? ¿Somos conscientes de las consecuencias para aquellos que se toman en serio estas afirmaciones y acuerdos y cuentan con ellos?

¿Te pareces más al primero al segundo hijo? ¿Cómo crees que afecta esto a tus relaciones?

_____

_____

Muchos de nosotros caemos en la trampa de pensar que ninguna razón es suficientemente buena. Creemos que debemos decir que sí a cualquier petición que se nos haga, especialmente dentro de la iglesia. Con el tiempo, este hábito nos llevará a ser poco confiables o a estar amargados.

¿Cuál es tu respuesta inmediata cuando se te pide que preste algún tipo de servicio? Imagina estos dos escenarios. En el primero, se le pide a una joven cristiana que sirva en el ministerio infantil. Esta persona no se siente preparada para faltar a los servicios y no se siente segura trabajando con niños, pero teme que se interprete que tiene mal corazón si dice que no. Así que sonríe y responde rápidamente: "Por supuesto". Después de dos meses de faltar a los servicios dominicales para enseñar a los niños, se siente débil espiritualmente y no se es abierta con nadie sobre este hecho ni sobre el hecho de que ha dejado de tener tiempos con Dios. Cuando se le pregunta cómo le ha ido, sonríe y responde: "¡Genial!". Sólo habla positivamente de las alegrías de trabajar con niños. Parece estar tan entusiasmada con este tipo de servicio que cuando se necesita a alguien para ayudar a organizar el programa de Navidad, se le pide que ayude. A medida que pasan los meses, dedica cada vez más tiempo a servir en todo lo que se le pide. Un día, después de semanas sin orar ni leer su Biblia, se da cuenta de que está agotada y no disfruta de su tiempo en la iglesia. Siente amargura hacia quienes le han pedido que sirva y los culpa por cómo ha resultado la situación. Decide no volver a la iglesia y no cree que se justifique una explicación, por lo que nunca devuelve las llamadas telefónicas de nadie.

En el segundo escenario, a esta misma joven se le pide que sirva. Ella está tentada a simplemente aceptar, sabiendo que probablemente es lo correcto, pero sabe que debe ser honesta y proteger su corazón contra la amargura. Responde: "*Quiero servir de alguna manera, pero tengo algunas dudas. ¿Te puedo dar una respuesta después de que ore al respecto?*". Mientras ora a la mañana siguiente, se cerciora de que no está segura por qué se le pide a todos que sirvan en el ministerio de niños. Una vez más, parece una gran cosa que todo el mundo debería querer hacer, pero ella simplemente no tiene la convicción de que sea necesario. Llama a la coordinadora del ministerio infantil y le pregunta: "*¿Podríamos reunirnos y podría mostrarme algunas Escrituras acerca de servir en el ministerio infantil?*". Después de que se reúnen y miran algunas Escrituras, ella se da cuenta de que gran parte de su indecisión era por miedo e inseguridad. Acepta servir en el ministerio infantil en la siguiente rotación, lo que le da unos meses más para crecer en su propia relación con Dios. No sólo termina teniendo una experiencia positiva, sino que empieza a hablar abiertamente de los aspectos de su carácter que se van haciendo evidentes. Mientras sirve en el ministerio de los niños, se le pide que también sea ujier antes de la iglesia. Ella responde que probablemente sea demasiado para ella en este momento. Normalmente se sentiría culpable y se cuestionaría su decisión, pero ha estado orando para reconocer cuándo está siendo egoísta y cuándo está siendo sabia. Está segura de que ha sido una decisión sabia y no egoísta, y no se siente atormentada por la decisión, como suele suceder

¿Qué te impide ser como la mujer del segundo escenario? ¿Tienes miedo de parecer difícil o poco espiritual? ¿Crees que puedes decir que sí a todo lo que te pidan y nunca ir por el camino que vemos en el primer escenario? Ninguno de nosotros está "por encima" de la amargura. Ninguno de nosotros es tan fuerte como para sobrevivir sin límites.

Si tu respuesta sincera a una petición de tu servicio o de tu tiempo es "*no quiero,*" puede que no te gusten las opciones que te dicta mantener una convicción de honestidad, pero debes elegir una. En primer lugar, puedes ser breve y decir simplemente que no a la petición. Me he encontrado en muchas situaciones en las que me hubiera gustado que la otra persona respondiera simplemente: "*No me interesa*", en lugar de darme más rodeos. Esto ni siquiera debería considerarse como complacer a la gente, porque créeme, ¡no me complacía! Esto es cobardía por parte de la otra persona. Puede parecer más agradable inventarse una respuesta o fingir estar ocupada, pero eso es mentir y, en muchos casos, no cerrará el libro de las invitaciones. Si alguien me dice que no puede participar en una actividad porque está ocupada, debería poder confiar en que realmente lo está y volver a preguntarle más adelante. No deberíamos tener que leer entre líneas con los demás. No deberíamos tener que preguntarnos siempre si la respuesta que recibimos es un código de cortesía que debemos interpretar.

La otra opción (que debería elegirse más a menudo, sobre todo con los amigos íntimos) es exponer con tacto y educación el motivo principal real. A menudo, el hecho de exponer nuestra razón en voz alta a otra persona nos ayuda a determinar si estamos poniendo una excusa o aumenta nuestra confianza en la validez de nuestra decisión.

Lee Mateo 5:33-37. ¿Por qué insiste Jesús tanto en no prestar juramento (¡hasta el punto de referirse a Satanás!)?

_____

_____

Piensa en cuando la gente utiliza este tipo de frases en la conversación cotidiana. Un marido promete a su mujer que no pasa nada entre él y su secretaria: "*¡Lo juro por Dios!*" Un amigo que siempre llega tarde promete ser puntual: *"¡De verdad, lo juro!"*. Estos añadidos a nuestras declaraciones implican que no confiamos en que se nos crea en nuestra palabra. La cuestión no suele ser la desconfianza del destinatario de nuestros juramentos; es que se le han dado motivos para dudar.

Jesús está diciendo básicamente: "**No me digas lo que vas a hacer, sólo hazlo**". No está diciendo que nunca podamos cancelar a alguien o cambiar nuestros planes. No deberíamos vivir con miedo a decir "sí" porque pueda surgir alguna circunstancia imprevisible. Más bien deberíamos ser el tipo de persona en cuya palabra se puede confiar al pie de la letra, sin ningún énfasis añadido, porque siempre decimos la verdad absoluta. Las personas complacientes pueden tener tendencia a prometer demasiado y a no cumplir lo prometido. Ser continuamente una mujer que dice "sí" sin tener la capacidad de cumplirlo hará que los demás no crean en nuestras promesas.

Este versículo me anima a decir que puedo decir no tanto como sí. Aunque nuestro "no" sea recibido con decepción o desaprobación, no será tan negativo como la respuesta a un compromiso incumplido.

¿Es usted el tipo de persona en cuya palabra se puede confiar? ¿Qué podría llevar a los demás a dudar de tus palabras?

_____

_____

Día Cuatro: Insinceridad

"Los buenos modales sin sinceridad son como una bella dama muerta."

~ Swami Sri Yukteswar

Lo contrario de la sinceridad es la hipocresía. A menudo pensamos que la hipocresía es decir una cosa y hacer la contraria. No es necesariamente este extremo. La hipocresía es fingir o aparentar. La palabra hipócrita en el Nuevo Testamento es la misma palabra griega que se usa para un actor o alguien que interpreta un papel. Vemos muchos ejemplos de hipocresía en los evangelios. De hecho, la única vez que se utiliza la palabra "*hipócrita*" es en los tres primeros evangelios.

Lee Mateo 22:15-22. Los maestros de la ley y los sumos sacerdotes han enviado espías que fingen creer en Jesús para tenderle una trampa. Qué ironía que alaben falsamente a Jesús, lo que en realidad es tan cierto de él y lo contrario de ellos mismos. ¿Cuáles son las cualidades que señalan en Jesús?

_____

_____

Lee los siguientes versículos en los que Jesus advierte contra la hipocresía. ¿Cuál es la pretensión que se describe cada una?

Mateo 6: 1-4

_____

_____

Mateo 6:

_____

_____

Mateo 6: 16-18

_____

_____

Mateo 7:1-5

_____

Mateo 15: 7-9

___

___

¿Te sientes tentado a poner alguna de estas pretensiones? ¿Por qué?

___

___

Veamos dos pasos para ser más sinceros:

1. Purgar las impurezas de nuestro corazón.

Una de las razones por las que nuestras palabras pueden ser poco sinceras es que estamos albergando actitudes en nuestros corazones. El Salmo 62:4 dice: "**Con la boca bendicen, pero en el corazón maldicen**". Santiago 3:9-10 comparte un sentimiento similar: "**Con la lengua alabamos a nuestro Señor y Padre, y con ella maldecimos a los hombres, que han sido hechos a semejanza de Dios. De una misma boca salen alabanzas y maldiciones... esto no debe ser**". A veces podemos ser una combinación de estos dos versículos: aparentar amor porque mostrar lo que realmente sentimos nos haría quedar mal.

La Biblia contiene dos usos de la palabra *eilikrinēs*, traducida como "sincero" en la NVI. La palabra griega se define como "**puro, sincero, inmaculado; se encuentra puro cuando se despliega y se examina a la luz del sol**". Me imagino desplegando una sábana blanca y nítida y sosteniéndola a la luz del sol. Cualquier mancha o imperfección quedaría al descubierto.

El NT de Weymouth traduce esta palabra en Filipenses 1:10 como "*de carácter transparente*". La misma palabra se usa en 2 Pedro 3:2. Pedro afirma que quiere estimular a sus lectores a un "*pensamiento sano,*" al igual que las palabras de los profetas y de Jesús deberían hacerlo también.

¿Qué nos ayuda a ser sinceros? Examinarnos a nosotros mismos a la luz de la Palabra de Dios. Si nuestros corazones son lo suficientemente puros como para que puedan ser examinados ante Dios y aún así ser encontrados puros, nuestras palabras seguramente también serán sinceras.

2. Ama fervientemente, no robóticamente.

¿Has recibido alguna vez un halago y al momento has sospechado que no era auténtico? ¿Qué lo indicaba?

___

___

Lee Proverbios 26:24-28. ¿Por qué se llama mentira a la adulación y a las palabras encantadoras?

_____

_____

¿Qué tipo de pozo se está cavando el hombre descrito?

_____

_____

Quizá la parte más chocante de estos versículos es la afirmación de que **"[una] lengua mentirosa odia a los que lastiman"**. Podemos convencernos a nosotros mismos de que revisando la verdad o nuestro halago insincero intentan proteger a los demás por nuestro amor hacia ellos. A Dios le parece lo contrario.

La sinceridad no es sólo ser amable porque uno se siente mejor si lo es; significa amar a los demás de corazón, a pesar de sus defectos o errores. Podemos acostumbrarnos tanto a ser amables que nos toma poco esfuerzo, pero amar a alguien sinceramente requiere mucho esfuerzo. Hay una diferencia entre los modales y la sinceridad. Puedo enseñar a mis hijos a dar las gracias como pequeños robots educados, pero eso no significa necesariamente que estén agradecidos. Estoy a favor de enseñar modales y creo que estas lecciones deberían empezar con los niños pequeños, pero las lecciones más importantes del corazón deben enseñarse a medida que los niños maduran. De la misma manera, podemos limpiar nuestro trato externo hacia los demás como infantes espirituales, pero nuestros corazones necesitan cambiar a medida que maduramos.

Muchas personas complacientes están programadas para ser amables. La cortesía es una respuesta automática. Aunque puede que no estemos albergando ninguna de las actitudes internas que afectan nuestro amor por los demás como se discutió anteriormente, esto todavía no significa que estemos siendo auténticamente amorosos. 1 Pedro 1:22 en la versión Reina Valera dice: "*Habiendo purificado vuestras almas por la obediencia a la verdad, mediante el Espíritu, para el amor fraternal no fingido, amaos unos a otros entrañablemente, de corazón puro*". La palabra "*no fingido*" es *anypokritos* que es exactamente lo opuesto a ser hipócrita.

Considere la definición de "ferviente": que tiene o muestra gran calor o intensidad de espíritu, sentimiento, entusiasmo; ardiente; caliente, ardiente, resplandeciente, etc..

Está claro que este tipo de amor es mucho más poderoso que la simple cortesía. Las palabras superficiales e impotentes no influirán a largo plazo en las vidas de los demás.

¿Tus palabras de ánimo son auténticas o vacías? ¿Cómo puedes crecer en amar a los demás más sincera y fervientemente en lugar de ser simplemente "amable"?

_____

Día Cinco: Un Libro Abierto

Quien encubre su pecado jamás prospera; quien lo confiesa y lo deja, alcanza la misericordia.

~ Proverb 28:13

Imagínese que le regalan un anillo de diamantes y luego se descubre que es de circonio cúbico. O comprar lo que se anuncia como oro (a 1,200 dólares la onza) sólo para darse cuenta al examinarlo de cerca de que es "***oro de fantasía***" (que vale unos 20 dólares la libra). Un amigo mío compró una vez por internet lo que creía que era una Xbox a un precio estupendo. En el anuncio ponía "Xbox box", lo que supuso que era un error ortográfico. Desgraciadamente, lo que recibió era simplemente la caja que antes contenía un Xbox. No quedó muy contento.

Nadie quiere que le den un sustituto falso cuando lo que busca es el artículo genuino. Sin embargo, siempre elegimos presentar lo falso. Nos ponemos carillas en los dientes para disimular imperfecciones, compramos un producto que literalmente se llama "corrector" para usarlo en la cara, nos teñimos las canas de nuestro color "natural" y, en algún momento, muchas de nosotras sonreiremos al mundo con nuestra reluciente dentadura postiza.

Espiritualmente podemos ser igual. Queremos poner nuestros mejores rasgos a la luz pero no exponernos del todo (1 Juan 1:5-9). Como vimos en el ejemplo de Ananías y Safira, la falta de apertura conduce a un cristianismo fraudulento.

Por naturaleza soy reservada, secreta y me avergüenzo con facilidad. Mi naturaleza pecaminosa es engañosa y demasiado orgullosa para parecer débil o necesitada. Con el tiempo me he ido convenciendo de que es necesario confesar mis pecados y tentaciones a los demás para recibir consejo espiritual y las oraciones de otros, y para forjar amistades más profundas (Santiago 5:16).

¿Ha qué temes al confesar tu pecado a tus hermanas en Cristo?

_____

_____

La Biblia nos advierte que nuestra conciencia puede corromperse (Tito 1:15-16) o endurecerse (1 Timoteo 4:2). Si pecamos continuamente sin arrepentimiento, podemos endurecernos e insensibilizarnos hasta que el pecado ya no nos duela en el corazón, como una herida que ha sido cauterizada para que el paciente no pueda sentir el dolor. También se puede hacer una comparación con la insensibilización que resulta de la lepra. Lo más peligroso para un leproso no es la bacteria que causa la enfermedad, sino la destrucción de las fibras nerviosas. Los leprosos ya no son sensibles al dolor, por lo que se lesionan repetidamente con cortes, quemaduras e infecciones y no hacen nada al respecto porque no se dan cuenta de que está ocurriendo.

Nosotros podemos hacer lo mismo. Pecamos, nuestra conciencia nos dice que confesemos y hablemos de ello, no lo hacemos, y al final la vocecita se calla y nos olvidamos del asunto. Volvemos a pecar y la vocecita se calla un poco más, la inquietud de nuestra alma se hace menos perceptible. En poco tiempo podemos llevar una doble vida sin que nos moleste. Pero nos consumirá la fe. Tendemos a proyectar en los demás lo que llevamos dentro. Si estamos fingiendo nuestro cristianismo, miraremos a nuestro alrededor y pensaremos que todos los demás lo hacen. Nos volvemos hastiados y desordenados cuando no somos abiertos.

¿Te viene ahora mismo a la mente algo que haya estado atormentando tu conciencia? Si es así, ¿por qué has preferido no sacarlo a la luz?

_____

_____

Puedes decirte a ti mismo que Dios ya lo sabe, así que no necesitas hablar con alguien, o que no fue para tanto y que nunca volverá a ocurrir, pero cuanto más peques y lo ocultes, más se destruirá tu conciencia.

La palabra que Dios utiliza a menudo para hablar de limpiarnos de nuestros pecados también se usa médicamente para referirse a ser purificado de una enfermedad. Cuando estamos enfermos, sabemos que necesitamos un médico, pero el médico no es la primera persona que te ayuda cuando vas al hospital. ¿Quién te toma la temperatura y la tensión? ¿Quién te hace un montón de preguntas y toma notas? La enfermera. Hoy en día hay tantos títulos y profesiones diferentes -Enfermera Práctica, RN, LPN, PA, - que apenas puedo seguirles la pista. No conozco todas las credenciales específicas de cada uno, pero el médico parece confiar en que pueden ayudarme, diagnosticarme y aconsejarme.

Dios ha equipado su reino de la misma manera. Sí, El es el médico supremo, pero tiene un personal bastante servicial. Pablo dice en Romanos 15:14, "*Por mi parte, hermanos míos, estoy seguro de que ustedes mismos rebosan de bondad, abundan en conocimiento y están capacitados para instruirse unos a otros.*"

¿Estás convencido ahora mismo de que las mujeres que Dios ha puesto en tu vida están llenas de bondad, son completas en conocimiento y competentes para instruirte y ayudarte si compartes con ellas tu carácter más íntimo? Si no es así, ¿qué te impide estar seguro de ello?

_____

_____

Richard Foster escribe sobre el diseño de Dios para su iglesia en términos de confesión en su libro *Celebración de la Disciplina*. Habla de cuando Jesús dio a sus discípulos la autoridad de perdonar en su nombre a todo aquel que confesara sus pecados (Juan 20:23). Foster distingue entre la autoridad especial que tenían los apóstoles y nuestro papel hoy, pero describe maravillosamente nuestra necesidad de sentirnos perdonados a veces tanto por la gente como por Dios:

Permítanme describirles cómo es. Hemos rezado, incluso suplicado, pidiendo perdón, y aunque esperamos haber sido perdonados, no sentimos ninguna liberación. Dudamos de nuestro perdón y nos desesperamos ante nuestra confesión. Tememos habernos confesado sólo a nosotros mismos y no a Dios. Las penas y heridas del pasado no se han curado... En lo más profundo de nuestro ser sabemos que debe haber algo más. La gente nos ha dicho que aceptemos el perdón por fe... Hacemos todo lo posible por aceptarlo por fe. Pero como la miseria y la amargura permanecen en nuestras vidas, volvemos a desesperar. Finalmente, empezamos a creer... que no somos dignos de la gracia perdonadora de Dios.[xliii]

Puedes identificarte con la descripción de Foster de luchar por ser perdonada por Dios?

_____

_____

Para una persona que complace a la gente, el hábito de poner una cara feliz ante todos puede impregnar su relación con Dios también. Puede ser difícil ser real incluso con Dios. Foster ofrece esta motivación: "Dios nos ha dado a nuestros hermanos y hermanas para estar en lugar de Cristo y hacer que la presencia y el perdón de Dios sean reales para nosotros. Para mí ha sido de gran ayuda ser completamente transparente sobre el estado de mi corazón y seguir siendo amado y aceptado. Es un ejemplo tangible para mi del amor de Dios y me motiva a acercarme a Dios de la misma manera.

Describe brevemente un momento en el que confesaste tu pecado a otra persona y sentiste más profundo la misericordia de Dios.

_____

_____

Día Seis: La Vulnerabilidad

> *"Amar es ser vulnerable. Si amas a alguien, tu corazón se retorcerá y posiblemente se romperá. Si quieres asegurarte de conservarlo intacto, no debes entregar tu corazón a nadie, ni siquiera a un animal. Envuélvelo cuidadosamente con pasatiempos y pequeños lujos; evita todos los enredos; enciérralo a salvo en el ataúd o cofre de tu egoísmo. Pero en ese ataúd -seguro, oscuro, inmóvil, sin aire- cambiará. No se romperá; se volverá irrompible, impenetrable, irredimible."*
>
> ~ C.S. Lewis

La franqueza va más allá de la confesión de los pecados. Vivir en la luz significa ser transparente en todos los sentidos: con nuestras emociones, temores y dudas.

Examinemos cinco razones por las que no somos abiertos y las verdades bíblicas para combatirlas:

1. *"Puedo cuidar de mí mismo"*.

En mi autosuficiencia y orgullo, no quiero ser una carga para los demás. O tal vez siento que ya sé lo que la otra persona va ha decir sí confieso una lucha en particular porque, no lo he confesado antes y he escuchado su respuesta, he leído todas las escrituras en la Biblia sobre ese tema en particular, u otros me lo han confesado y les he ofrecido el consejo exacto y el aliento que necesito actualmente.

En primer lugar, puedo pensar que sé lo que otra persona va a decir, pero eso no es necesariamente cierto. Al ser abierto con alguien, incluso con alguien que no considero más conocedor que yo de la Biblia o más maduro que yo espiritualmente, puedo recibir una pepita de sabiduría que no tiene precio. En segundo lugar, siempre es beneficioso que otros oren por mí. Y por último, aunque sea cierto que conozco la solución a mi problema, aunque la persona con la que hablo me lea cinco versículos de la Biblia que básicamente tengo memorizados desde hace años, aunque el consejo sea trillado y poco comprensivo, si practico la vulnerabilidad con los demás, creceré espiritualmente. Puede que cada conversación no me cambie la vida, pero muchas sí.

Cuando María descubrió que estaba embarazada de Jesús, se "apresuró" a ir a casa de su pariente Isabel y se quedó allí tres meses (Lucas 1:39, 56). Desde la perspectiva de Isabel, María poseía claramente una relación mucho más estrecha con Dios para ser elegida como madre terrenal del Mesías. Al oír a María a su puerta, exclama: **"Pero ¿por qué soy yo tan favorecida, para que la madre de mi Señor venga a mí?"**. (Lucas 1:43). Evidentemente, ésta no era la perspectiva de María. María era lo suficientemente humilde como para saber que necesitaba el apoyo y el aliento de otra mujer.

_____

_____

2. *"Sólo pareceré negativa, emocional, necesitada o débil"*.

Estuve tentada de escribir la palabra "¿Y qué?" en esta sección y dejarlo así. En lugar de eso, compartiré un simple versículo: "*[E]n Cristo, nosotros que somos muchos, formamos un solo cuerpo, y cada miembro pertenece a todos los demás*" (Romanos 12:5). ¿Qué significa pertenecer los unos a los otros?

_____

_____

Tanto si temes quedar mal como si temes ser una carga para los demás por tu debilidad, ¿cómo puede animarte esta Escritura a buscar el consejo de los demás?

_____

_____

3."*Los demás no lo entenderán o me juzgarán*".

Un gran problema de preocuparse tanto por lo que los demás piensan de nosotros es que nos lleva a estar muy solos. Si hay áreas de tu vida que están fuera de los límites, nadie conoce tu "yo" completo, sólo partes. ¿Cómo puedes sentirte realmente querido, confiado y respetado? Puede que te estés protegiendo de un posible juicio, pero también te estás privando de la seguridad de saber que alguien conoce todo de ti y que le sigues gustando. Tu inseguridad seguirá engendrando más inseguridad.

Lee Proverbio 14:10 y 1 Corintios 12:26. Para algunos, estos dos versículos son contradictorios. A lo largo de los años, muchas mujeres cristianas me han dicho que no quieren hablar con otras de sus luchas porque otras mujeres no las entenderán o porque nunca han pasado por algo parecido. Una vieja frase italiana dice algo así como: "***A cada uno le parece más pesada su propia cruz***". ¿Es ésta realmente la lucha que quieres ganar en la vida?

No pensamos así cuando se trata de alegrarnos con los demás, así que ¿por qué deberíamos usar esta lógica cuando se trata de sufrimiento o pruebas? Cuando una amiga se casa o tiene un hijo, quienes no son esposas ni madres la felicitan. ¿Se considera insincero? Imagina que una amiga se compromete y, después de expresar lo feliz que estás por ella, te responde: "***Pero la situación en la que estabas cuando te comprometiste era completamente distinta. Tu relación es diferente. Tus familias son diferentes. Tu infancia fue diferente. No puedes entender del todo nuestra alegría específica, así que no quiero hablar de ello contigo***". Eso sería ridículo, y sin embargo hacemos lo mismo con nuestras "***amarguras***": nuestras penas, pruebas, luchas, dificultades y aflicciones. ¿No podemos relacionarnos de una manera general con la pérdida, la soledad y la culpa como nos relacionamos con el matrimonio u otras alegrías?

Lee 1 Corintios 10:13 y 1 Pedro 5:9. ¿Cómo nos animan estos versos a compartir nuestro verdadero yo con nuestras hermanas?

_____

Es cierto que nadie jamás entenderá completamente nuestra situación específica porque nadie tiene exactamente la misma vida que nosotros. Es por eso que necesitamos a Dios y no solo a las personas, pero Dios también nos ha dado la bendición adicional de la relación personal

4."*Quiero ser fuerte para los demás o un buen ejemplo.*"

Me ha llevado mucho tiempo darme cuenta de que mi vulnerabilidad ayudará a los demás más que mi fortaleza. Me he dado cuenta de que las mujeres necesitan saber que entenderé su desastre más de lo que necesitan un ejemplo de cómo no ser un desastre.

El poder de la vulnerabilidad está presente en todos los Salmos. Piensa en cuántos miles de millones de personas se han sentido reconfortadas y animadas al leer las palabras vulnerables de David y otros en sus oraciones íntimas a Dios. Abre tu Biblia en tu salmo favorito. Anota ejemplos de vulnerabilidad y cómo esto puede animar tu propia alma.

___

___

___

___

5."*No oculto nada; simplemente no estoy en contacto de cómo estoy.*"

Cuando no dedicamos tiempo a procesar nuestras emociones, caemos en el hábito de la conversación superficial. Cuando dejamos de ser abiertas y vulnerables podemos convertirnos en autómatas insensibles.

Lee Proverbios 20:5. Según este versículo, ¿por qué necesitamos conversaciones profundas con los demás para entendernos mejor a nosotros mismos?

___

___

___

Día Siete: Repaso Semanal

Recita el versículo para memorizar de la semana.

Mentiras / Tentaciones de mentir esta semana:

_____

_____

Observando la lista anterior, ¿ves algún patrón o tema? ¿Qué temores había detrás de tu deseo de ocultar la verdad en estas situaciones?

_____

_____

¿Necesitas confesar alguna mentira a alguien?

_____

_____

Pensamiento positivo:

A menudo, las personas complacientes están motivadas a mentir por su miedo a herir a los demás con la verdad. ¿Cómo puedes tener en cuenta los sentimientos de los demás y beneficiarlos con la verdad?

_____

_____

¿Cuáles son algunas de las prácticas que has aprendido para ser sincero y abierto con los demás de la forma más amorosa posible? Quizás quieras reflexionar aquí sobre cómo te gusta recibir la verdad de los demás.

_____

_____

Semana Cinco:

Conflicto

Versículo para memorizar:

> Que el Dios que infunde aliento y perseverancia les conceda vivir juntos en armonía, conforme al ejemplo de Cristo Jesús, para que con un solo corazón y a una sola voz glorifiquen al Dios y Padre de nuestro Señor Jesucristo.
>
> (Romanos 15:5-6)

*   *   *   *   *

Día Uno: Evitar Conflictos

> Siempre que estés en conflicto con alguien, hay un factor que puede marcar la diferencia entre dañar tu relación o profundizarla. Ese factor es tu actitud.
>
> ~ William James

Piensa durante un minuto en tu última semana y anota las confrontaciones que has evitado.

___

¿Durante el último año?

___

¿En toda tu vida?

___

Es posible que en la última semana haya habido algunos puntos débiles en el radar: un comentario insensible de un amigo que hirió tus sentimientos, una expectativa que tu marido no cumplió, una decisión que alguien tomó en la iglesia que te preocupa. A medida que retrocedes en tu pasado, las conversaciones evitadas que permanecen en tu memoria pueden referirse a cuestiones más importantes, pero puede que no. Estoy segura de que no soy la única persona que recuerda un comentario hiriente años después y todavía puede sentir un ligero pinchazo en el corazón.

___

___

Plantéate las siguientes preguntas en relación con las situaciones que has enumerado más arriba. ¿Por qué no trataste estos temas con la persona implicada? ¿Qué te impidió hablar en ese momento? ¿Qué te impidió acercarte a ellos más tarde para compartir tus pensamientos o sentimientos? ¿Te imaginaste una posible conversación? ¿Qué temores llegaron a tu mente?

___

___

¿Qué tipo de conversaciones sueles evitar tener?

___

___

La semana pasada hablamos de la tendencia a evitar abrirnos a un nivel profundo sobre cómo nos sentimos, quiénes somos y nuestra naturaleza pecaminosa. Esta semana hablaremos específicamente de la necesidad de hablar para confrontar el pecado o el error de otros dentro de la iglesia y evangelizar a los que están fuera de la iglesia.

Muchas personas niegan con la cabeza y admiten: "*Yo sólo evito los conflictos*" cuando explican su tendencia a reprimir las emociones o a esconderse de las conversaciones desagradables. Creo que el problema empieza con el propio término. Creo que el propio Jesús estaría de acuerdo en que no debemos entrar en "conflicto" con los demás precipitadamente. Pero, ¿qué vemos como conflicto potencial? Bíblicamente, el "conflicto" suele ser interior, espiritual o contra enemigos. La Biblia habla de peleas, luchas, carreras, concursos y combates. Esta terminología casi nunca se usa con respecto a las relaciones dentro de la iglesia. Tenemos razón cuando creemos que debemos intentar no entrar en conflicto con otros cristianos, pero nuestra definición de "conflicto" a veces parece incluir los desacuerdos o expresiones de emoción más leves. Etiquetamos sentimientos leves y breves de tensión o fricción como si estuviéramos en una guerra, cuando la guerra real en la que estamos es contra el pecado y Satanás.

Intenta reetiquetar estas situaciones y tus propios miedos con terminología bíblica y céntrate en el resultado previsto. Quizá si dejamos de verlo como un "conflicto", no nos asuste tanto. La Biblia nos señala el resultado final de estas conversaciones: unidad, restauración, incluso "perfección" en Cristo (Colosenses 1:28). Cuando estos objetivos son de suma importancia para nosotros, estaremos dispuestos a afrontar la sensación temporal de sentirnos incómodos o asustados en una conversación.

Cuando pensamos en ejemplos de hombres asombrosos y piadosos, naturalmente nos viene a la mente Pablo. Escribió más del treinta por ciento del Nuevo Testamento, y podemos leer el relato de Lucas sobre sus sacrificios por Jesús y su valiente predicación en el libro de Hechos. Cuando pienso en ejemplos de conflictos que aparecen en el Nuevo Testamento, también me viene a la mente Pablo. Se le muestra refutando a los oponentes del evangelio a lo largo de su vida, pero también tuvo importantes desacuerdos con hombres increíblemente espirituales como Marcos, Bernabé y Pedro.

Lee Gálatas 2:11-21. ¿Qué frases utiliza Pablo para describir sus interacciones con Pedro en esta situación?

_____

_____

Pablo respetaba a Pedro. En el versículo 8, Pablo reconoce que Dios "*estaba trabajando en el ministerio de Pedro como apóstol de los judíos*" tanto como Pablo fue un apóstol de los gentiles. Pablo entendió que Pedro era la mano derecha de Jesús y comenzó la iglesia cristiana mientras Pablo mismo perseguía a los judíos que se convertían. Pablo tenía todas las razones para sentirse intimidado por Pedro y sentir que se pasaría de la raya al corregirlo, especialmente delante de todos los prominentes líderes cristianos de la época. Se cree que el conflicto descrito aquí es el mismo que se encuentra en Hechos 15 del Concilio de Jerusalén, en el que todos los apóstoles, ancianos y otros representantes de la iglesia se reunieron para tratar el tema de los requisitos para los gentiles convertidos al cristianismo.

¿Qué motivó a Pablo a hablar a pesar de estos obstáculos?

_____

_____

Cuando algo nos apasiona de verdad y somos testigos de cómo se pisotea a esa persona o principio, es difícil cruzarse de brazos y mantener la boca cerrada. Si nunca nos encontramos en una situación como la de Pablo en la que hablamos claro, incluso contra otra persona a la que respetamos, ¿dónde está nuestra pasión?

Lee Hechos 15:36-41. ¿Qué guió la postura de Pablo en el desacuerdo?

¿Qué guió la postura de Bernabé?

_____

_____

Vemos otra situación en la que Pablo entra en conflicto con otros hombres espirituales. Se trataba de desacuerdos entre amigos profundamente leales, no por egoísmo u orgullo, sino por su deseo de servir a Dios y su apasionada devoción a los principios. No está del todo claro quién tiene razón aquí, pero ambos hombres estaban dispuestos a defender sus creencias. Al final resolvieron su disputa (Colosenses 4:10) y restauraron su unidad.

Lee Romanos 15:5-6. Creo que a todos nos gustaría tener el tipo de unidad que se describe aquí en nuestra propia comunidad. ¿Cómo se consigue? Si oramos por la unidad como la de el Nuevo Testamento, debemos estar dispuestos a afrontar el conflicto necesario para conseguirla. Los discípulos sobre los que leemos eran mucho más fundamentalmente diferentes que nosotros hoy: Griegos y judíos, circuncisos e incircuncisos, esclavos y libres, hombres y mujeres (Colosenses 3:11, Gálatas 3:28). Seguramente fueron necesarias muchas conversaciones incómodas para crear unidad entre estos grupos.

¿Cómo has manejado los desacuerdos con otros cristianos en el pasado?

_____

_____

¿Qué lecciones puedes aprender de Pablo?

_____

Día Dos: Las Consecuencias de Evitar los Conflictos

"No me digas lo que dijeron de mí. Dime por qué se sintieron tan cómodos de decírtelo a ti."

~ Jay Z

Hoy examinaremos algunas de las ramificaciones de la evasión de conflictos, especialmente en nuestras relaciones con otros cristianos.

1. Tenemos relaciones superficiales.

Necesitamos sinceridad y verdad para desarrollar confianza. Como nos recuerda Efesios 4:15-16, cuando "*hablamos la verdad en amor*" nuestra unidad en Cristo "*crece y se edifica en el amor*". El objetivo de las relaciones en el reino de Dios no es la paz y la ausencia de peleas; es estar completamente unidos en la unidad del Espíritu, uno en corazón, mente y espíritu. A veces, para lograr este fin, son necesarias conversaciones incómodas.

2. Desarrollaremos amargura en nuestros corazones.

Siempre hay otra versión de la historia, pero no la conoceremos a menos que nos enfrentemos a la persona que nos ha hecho daño (Proverbios 18:17). Hebreos 12:14-15 nos manda a "*esforzarnos por vivir en paz con todos los hombres*" y a "*procurar... que no crezca una raíz amarga que cause problemas y contamine a muchos*". Persistir en la creencia de que alguien nos ha hecho daño sin darnos la oportunidad de explicarnos o disculparnos puede llevarnos a la amargura.

3. Deterioramos nuestra relación con Dios.

Hebreos 12:14-15 también afirma que debemos "*ser santos*" porque "*sin santidad nadie verá al Señor*". La amargura dentro de nuestros corazones no solo afectará nuestras relaciones con otros pero también afectará nuestra conexión con Dios.

4. No tendremos ningún impacto en la vida de los demás.

Los conflictos en nuestras vidas a menudo nos revelan maneras en las que nosotros, y otros, podemos crecer. Podemos pensar que podemos dejarlo pasar, pero aunque lo hagamos sin rencor, la otra persona seguirá siendo la misma y pecará contra los demás de la misma manera. Les hemos robado la oportunidad de ver cómo sus acciones o su carácter afectan a los demás para que puedan cambiar. Ezequiel 33 explica el papel del atalaya al tocar la trompeta para advertir a la ciudad de un peligro inminente. Si el centinela ve el peligro pero no advierte a los demás, y alguien muere, Dios "*hará responsable al centinela por esta sangre*". De la misma manera, si el vigilante espiritual (un profeta) de los israelitas no "*habla para disuadir [a otros] de [sus] caminos*", Dios le hará responsable. No somos responsables de las decisiones y acciones de otros, pero somos responsables de hablar y advertir a otros cuando se nos da la oportunidad.

5. Nos volveremos deshonestos.

Nos convencemos de que estamos protegiendo a los demás cuando en realidad nos estamos protegiendo a nosotros mismos. La falta de franqueza causa más problemas y en realidad no complace a nadie.

¿Cuál de estas consecuencias has experimentado más en tu propia vida? ¿Cómo puedes cambiar esta situación?

___

___

Analicemos la última consecuencia con más profundidad. La tendencia a complacer a la gente es ignorar los comentarios que nos hieren y convencernos de que no es para tanto y que debemos seguir adelante. A veces es así (Proverbios 12:16), mientras que otras veces es una excusa para nuestra cobardía. ¿Cómo podemos notar la diferencia? Obviamente, siguiendo el paso del Espíritu y orando por sabiduría y discernimiento podemos tomar estas decisiones como todas las demás. Sin embargo, después de años de barrer los conflictos potenciales bajo la alfombra, probablemente ni siquiera se nos ocurra orar acerca de estos encuentros.

He aquí algunas ideas prácticas para determinar si una situación requiere más atención:

- ¿Sigue apareciendo el incidente en tu mente? ¿Es lo que piensas cuando ves o piensas en esa persona?
- ¿Ha cambiado tu relación con la persona implicada?
- ¿Sientes la tentación de hablar con otra persona sobre el incidente (o ya lo has hecho)?

Lee Proverbios 10:18. Encuentro las mejores ideas de los proverbios cuando intento determinar cómo encajan la parte A y la parte B. La primera parte de este proverbio habla de la deshonestidad, mientras que la segunda trata de la calumnia. ¿De qué manera ocultar nuestros sentimientos conduce a la calumnia?

___

___

Cuando nos negamos a discutir las situaciones con las personas a las que afectan, a menudo acabamos calumniándolas. Las personas tienden a calumniar porque no quieren tratar los problemas cara a cara con los demás, pero necesitan resolver sus sentimientos, así que lo hacen con otra persona. Esto simplemente crea una falsa paz. Un verdadero pacificador resolvería completamente los asuntos para tener una reconciliación completa. Una persona que complace a los demás evita el conflicto exterior y crea confusión interior, lo que a menudo desemboca en un conflicto relacional.

La palabra "calumnia" aquí también se traduce como "murmuración" en otros lugares. Lo mismo ocurre con los chismes y las habladurías maliciosas en otras partes de la Biblia. Cuando siento la tentación de chismorrear y calumniar, a menudo pienso en el pasaje de Mateo 10:26-27 en el que Jesús dice: "*Así que no les tengan miedo, porque no hay nada encubierto que no llegue a revelarse, como tampoco hay nada escondido que no llegue a conocerse. Lo que digo en la oscuridad, díganlo ustedes a plena luz; lo que se susurra al oído, proclámenlo desde las azoteas.".* Aquí está animando a los discípulos a que, como hijos de la luz, no tienen nada que temer, porque los que viven en las tinieblas y les persiguen acabarán por quedar al descubierto. Me recuerda, sin embargo, que para vivir en la luz no debería murmurar en secreto.

Escuchar calumnias y cotilleos es un signo de mi naturaleza de complacer a la gente, tanto como difundirlos yo mismo. Solía sentirme privilegiada cuando alguien me "confiaba" asuntos personales, que siempre parecían implicar a otras personas. Daba por sentado que, como la amiga A se quejaba de la amiga B, debía de sentirse más cercana a mí y sabía que me compadecería de los defectos de la amiga B porque yo no poseo ninguno de esos mismos defectos. De algún modo, me engañé a mí misma creyendo que la amiga A no veía defectos en mí porque parecía perfectamente feliz con nuestra relación. Entonces me di cuenta de que la amiga B también parecía pensar que la amiga A estaba perfectamente contenta con su relación. Y entonces me di cuenta de que probablemente la amiga A también acudía a la amiga B para quejarse de mí. Un calumniador no es de fiar y suele ser una mala influencia, alguien que seguirá perpetuando nuestra propia tendencia a evitar los conflictos por ser una salida "segura". Es fácil que nos engañen haciéndonos creer que estamos ayudando a los demás cuando en realidad estamos permitiendo que eviten el conflicto.

Inténtalo durante la próxima semana: Si sólo dices cosas positivas sobre los demás y sólo cosas sinceras hacia ellos. Anima a tus amigos a hacer lo mismo.

_____

_____

Día Tres: Levanta la Voz

¡Levanta la voz por los que no tienen voz!...

~ Proverbios 31:8

Lee Mateo 18:15-17. ¿Cuáles son tus sentimientos sinceros hacia esta Escritura?

___

___

Probablemente una de las conversaciones menos divertidas para una persona complaciente es aquella en la que "**mostramos a alguien sus defectos**", como describe este pasaje. En nuestras reflexiones enfadadas después de haber sido calumniados podemos imaginarnos esto, pero la mayoría de nosotros no deseamos de forma natural acercarnos a alguien y señalarle sus defectos. Un escenario aún más intimidante es el descrito en este pasaje, en el que la persona no nos escucha incluso después de que hayamos traído a otros para que nos ayuden. Pero, ¿por qué es esto una parte buena y necesaria de la vida en el reino de Dios?

___

___

La mayoría de las traducciones de la Biblia comienzan esta sección con algo parecido a: "*Si tu hermano peca contra ti...*". Algunos manuscritos encontrados no incluyen la parte "contra ti". Independientemente de cuáles fueron las palabras exactas de Jesús cuando enseñó esto, en la Biblia se nos ordena confrontar el pecado, ya sea que nos involucre o no.

Este mandamiento sigue a la parábola de la oveja perdida, en la que el pastor busca a su única oveja perdida y la devuelve al rebaño de las noventa y nueve. La parábola termina: "*el Padre de ustedes que está en el cielo no quiere que se pierda ninguno de estos pequeños*." Nuestra confrontación con el pecado en nuestros hermanos y hermanas evita que se alejen de la fe. Dios nos permite formar parte del proceso de mantener unido su rebaño.

Marcos nos cuenta en su evangelio que, cuando Jesús se acercó a Santiago y Juan para invitarles a seguirle, ellos estaban preparando sus redes (1:19). El uso diario de las redes de pesca provocaba pequeñas roturas, que había que remendar. La palabra empleada aquí para "preparar" o "remendar" significa poner en forma o en buen estado, completar, remendar, reparar, equipar, poner en orden o ajustar, y en otros lugares se traduce como "restaurar".

¿Cuál debería ser la reacción de un pescador si otro pescador se le acerca para hacerle saber que hay un hueco en su red? "*¿Cómo te atreves a juzgar mis redes?* ¿"Métete en tus asuntos y vete a arreglar tus propias redes"? "*¿Qué, crees que tu red es mejor que la mía?*".

109

Suena ridículo, pero estas son las respuestas que esperamos recibir cuando consideramos confrontar a alguien sobre el pecado que hemos observado.

Si observo que una desconocida tiene pintalabios en los dientes, puede que no diga nada. Si me doy cuenta de que está a punto de pasar por delante de un camión grande, no dudaría en hablar y advertirle. Entonces, ¿por qué evitamos advertir a otros del peligro espiritual?

_____

_____

Lee Gálatas 6:1. ¿Quién restaura en Gálatas y cómo lo hace?

_____

Lee 1 Pedro 5:10. ¿Quién restaura en 1 Pedro y cómo lo hace?

_____

_____

Tal vez un simple intercambio de palabras podría evitarle futuros sufrimientos a tu hermana en Cristo. Piensa en una lección que aprendiste en tu vida después de pasar por una prueba importante. Quizás más tarde viste en ti mismo un rasgo de tu carácter que te llevó a la caída. ¿Qué hubieras preferido: que un amigo te señalara este rasgo de carácter y suavemente te indicara el camino del arrepentimiento o pasar por el sufrimiento necesario para reconocerlo tú mismo? Desgraciadamente, algunos de nosotros, en nuestro orgullo, no habríamos escuchado la opinión de otro y fue necesario el poder de Dios. Podemos temer que éste sea el caso de quienes nos rodean. Está claro que no podemos adelantarnos a todos los juicios y no es nuestra responsabilidad hacerlo, pero si el Espíritu Santo nos abre los ojos al pecado grave de un hermano o hermana en Cristo y nos incita a abordarlo, tenemos que escucharle.

Lee Hebreos 12:7-11. Cuando el escritor dice que la disciplina de Dios "***no es agradable***", ¿cuáles son algunos ejemplos de que es desagradable?

_____

_____

Incluso Dios permite que Su corrección duela. Si creemos que podemos restaurar a otros a la rectitud sin ningún grado de incomodidad, probablemente nos estamos interponiendo al proceso de arrepentimiento. Deja que la disciplina de Dios duela, incluso si es iniciada por una conversación que tú iniciaste. Podemos consolarlos genuinamente después del arrepentimiento.

Las excusas y justificaciones que alegamos para no confrontar a alguien acerca del pecado son algo similares a las que hemos discutido en relación con otros conflictos. ¿Has utilizado alguna vez alguna de estas razones para justificar por qué decidiste no tener una conversación con alguien aunque sospechabas que había pecado o peligro espiritual?

- No conozco la Biblia lo suficientemente bien como para corregir a nadie.
- No soy buena para esas conversaciones.
- De todos modos, no me escucharán.
- Seré sutil; seguro que captarán la indirecta.
- Les asustará y los alejará más.
- Seguro que se darán cuenta solos.
- Se ofenderán.
- Ya se encargará otro.
- No estoy en posición de juzgar. Yo también peco, así que sería un hipócrita.

La lista continúa a medida que incluimos razones por las que no queremos sacar a relucir el hecho de haber pecado contra alguien o de haber experimentado sentimientos heridos:

- No es para tanto.
- Ya se me pasará.
- Dañará nuestra amistad.
- No quiero cargarla con mis emociones.
- Estoy enfadado y no quiero decir algo de lo que me arrepienta.
- Estoy seguro de que sólo fue un malentendido (aunque emocionalmente tu reacción se ajusta a una ofensa deliberada).

¿Cuál de estas excusas sueles poner para evitar los conflictos?

_____

_____

Encuentre una Escritura que refute este razonamiento.

_____

_____

Vemos la característica de hablar con franqueza en una de las mujeres más admirables de la Biblia: la mujer de Proverbios 31. En la traducción NVI lo traduce así: Proverbios 31:26 dice: "*Cuando habla, lo hace con sabiduría; cuando instruye, lo hace con amor.*" La traducción NBLA lo traduce así: "*Ella abre su boca con sabiduría, y la enseñanza de la bondad está en su lengua*"."

111

La palabra "hablar" se utiliza muchas veces en los Proverbios. Sin embargo, esta palabra sólo se utiliza un par de veces más, también lee Proverbios 31:8-9. ¿Qué implica la palabra aquí?

La versión de la Biblia NBLA utiliza la frase "**Abre la boca**" en este pasaje. Cuando algo no está bien, cuando alguien está siendo maltratado, necesitamos abrir nuestras bocas. ¿Qué tal cuando algo no está bien espiritualmente con nuestras hermanas en Cristo o nuestros hijos o esposos?

Esta mujer tiene claramente la sabiduría para saber cuándo abrir la boca y cuándo no, y cuando lo hace "*la enseñanza de la bondad está en su lengua.*" La palabra hebrea aquí es *towrah* (es decir, torah): ley, dirección, instrucción; la Ley Deuteronómica o Mosaica.

Cuando pienso en "la ley" no pienso automáticamente en bondad. Pienso en muchas normas. Pero, ¿en qué sentido es benevolente el Torah (los 5 primeros libros de la Biblia conocidos como la Ley)?

Considera cómo Jesús resume toda la Ley en Mateo 22:37-40: amar al Señor nuestro Dios con todo nuestro corazón, alma, mente y fuerzas y amar a los demás como a nosotros mismos. Eso me suena a bondad.

La palabra bondad también suele traducirse como fidelidad o misericordia. Cuando hablamos, deberíamos hacerlo como lo haría Dios. Éxodo 34:6-7 dice: "*El Señor, el Señor, el Dios compasivo y misericordioso, lento para la ira, abundante en amor y fidelidad, que mantiene el amor a miles y perdona la maldad, la rebelión y el pecado.*" Para perdonar el pecado, Dios primero tiene que reconocerlo. No es falta de amor reconocer y señalar el pecado en otros, entonces tenemos la responsabilidad de hacerlo con gentileza y gran misericordia"

Cuando la mujer descrita en Proverbios 31 habla no está literalmente hablando más alto o más duro. Ella está en control de su lengua, escogiendo las palabras cuidadosamente y guiando a otros a la Palabra de Dios y Su sabiduría, no a la suya.

¿Consideras que es una amabilidad corregir a los demás? ¿Qué puede ayudarte a considerarlo así?

Día Cuatro: Cobardía

No teman a los que matan el cuerpo, pero no pueden matar el alma; más bien teman a Aquel que puede hacer desaparecer tanto el alma como el cuerpo en el infierno.

~ Mateo 10:28

Cuando encontramos nuestra seguridad en Dios, la gente ya no nos asusta. No tienen control sobre nuestras acciones. Recuerda a Agar que regresó con Sara y Abraham. Ella no fue invitada a regresar. Regresó porque sabía que era lo que Dios quería que hiciera, y confiaba en la presencia de Dios en su vida.

¿Cuáles son tus mayores miedos?

_____
_____
_____

¿Cuáles son las pruebas que indican que esos son tus temores?

_____
_____
_____

La mayoría de nosotros no nos avergonzamos de enumerar nuestras fobias, miedo a las tragedias, a la muerte de seres queridos o a la enfermedad. Pocos incluirían, "**que la gente piense mal de mí**" al principio de la lista. Sin embargo, si tenemos un patrón de evitar conflictos, omitir la verdad y ocultar nuestros verdaderos sentimientos, ¿no es ése un miedo predominante y controlador? Podemos identificar nuestros miedos por cómo afectan a nuestras acciones y decisiones.

La palabra más utilizada para "miedo" en la Biblia es *phobos:* aquello que puede provocar la huida. Nuestros miedos nos hacen huir. Cuando tememos a Dios, huimos del pecado. Cuando tememos a la gente, a menudo huimos de Dios.

Muchos de los usos de la palabra "miedo" en la Biblia nos animan a no tener miedo, sobre todo de otras personas. Los mandamientos que se nos dan de temer están relacionados con el temor a Dios, el temor a las autoridades establecidas en nuestras vidas, el temor al Infierno y el temor a nuestro propio pecado. Dios no se escandaliza por nuestro miedo a la gente. Él nos ha ofrecido mucho aliento en Su Palabra sabiendo muy bien el efecto paralizante que este miedo puede tener en nosotros todos los días.

Lee Proverbios 29:25. ¿De qué manera tu temor a la gente ha sido una "trampa" para ti? ¿Cómo te ha atrapado y te ha impedido servir libremente a Dios?

_____

_____

Es fácil para nosotros no ver el miedo como pecado. No parece intencional. Cuando fallamos en hacer la voluntad de Dios y decimos, "**Solo tenía miedo**," esto se siente mejor que decir que no queríamos o que no estábamos de acuerdo con el camino de Dios. Pero, ¿qué opina Dios de nuestra falta de confianza?

Lee 2 Timoteo 1:7. Cuando nos convertimos en hijos de Dios, al igual que Timoteo en su conversión, ¿qué tipo de espíritu nos dio Dios también a nosotros?

_____

_____

En la NVI, este versículo nos alienta con que no nos dieron un "*espíritu de timidez*". Esta es una de esas palabras suaves que no suenan terriblemente pecaminosas. Cuando oigo la palabra "tímido" me imagino a mi hija de seis años escondiéndose detrás de mi pierna cuando entramos en una habitación llena de gente, o una joven de ojos saltones y voz suave. La palabra griega original utilizada aquí es un poco más contundente. La palabra *deilia* también significa "cobardía". Sólo se utiliza una vez en el Nuevo Testamento, pero la forma adjetiva de la palabra - *deilos* - se utiliza en otros dos versículos.

Lee Mateo 8:26 y Apocalipsis 21:8. En ambos versículos, el miedo se contrapone a la fe y creer. ¿Por qué el temor es lo opuesto a la fe?

_____

_____

¿Por qué reacciona Dios con tanta fuerza ante la cobardía?

_____

_____

Para entender los sentimientos de Dios hacia mi miedo y mi falta de fe, me ayuda a considerar mi punto de vista como madre. Imagina una situación en la que conduzco hasta la escuela de mi hija, como he hecho cientos de veces antes, para recogerla, y ella no está allí. Tras muchas llamadas frenéticas, la localizo en casa de su amiga. Después de volver a casa con ella, le pregunto por qué se ha ido con su amiga en vez de esperarme. Me explica que se fue con la madre de su amiga porque tenía miedo de que yo no la recogiera. Le pregunto si alguna vez no he ido a recogerla a su colegio. Me responde que no, pero que ese día no confiaba en que la recogería. Le pregunto si cree que la quiero y que nunca la dejaría tirada. Me asegura que lo sabe en su mente, pero que no se sentía segura de ello en su corazón en ese momento, así que decidió cuidar de sí misma.

¿Cómo me haría sentir esto, especialmente cuando no le he dado ninguna razón para no confiar en mí? ¿En qué se parece esto a cuando actuamos por miedo en lugar de por fe?

_____

_____

Quiero que mis hijos me confíen. Quiero que el miedo que le tengan a mi esposo y a mi no sea miedo a la negligencia, sino miedo a las consecuencias. Si mi hija se enfrenta al temor de decepcionar a un amigo por no permitirle que haga trampa copiando de ella en la escuela, y al temor de la consecuencia que recibirá en casa, prefiero que tema más a nuestra reacción. Ese sería un miedo sano. Sin embargo, a menudo tememos las cosas equivocadas cuando se trata de Dios. Tememos que Él se haya olvidado de nosotros en nuestro tiempo de necesidad, y fallamos en temerle a Él y a Su disciplina en nuestros tiempos de desobediencia.

La definición secundaria de *phobos* es:

Temor reverencial de Dios, como motivo controlador de la vida, en asuntos espirituales y morales, no un mero 'temor' de Su poder y justa retribución, sino un sano pavor de desagradarle, un 'temor' que destierra el terror que se encoge ante Su presencia... y que influye en la disposición y actitud de aquel cuyas circunstancias son guiadas por la confianza en Dios, a través del Espíritu de Dios que mora en él.

¿A quién respeto más, a la gente que hace cola en el supermercado o a Dios? ¿A quién admiro más, a mis compañeros de trabajo o a Dios? ¿Quién merece más honor, mis vecinos o Dios? Si nos fijamos en las otras definiciones de "temor", está claro que deberíamos temer más a Dios que a las personas, y sin embargo actuamos de maneras que sugieren que creemos en el poder de las personas por encima del poder de Dios.

Lee Juan 14:27. ¿Por qué no tenemos motivos para temer a los hombres?

Además del estímulo que nos ofrecen las Escrituras, podemos aprovechar algunas aplicaciones prácticas de la psicología para superar nuestra timidez. En el artículo "**Ansiedad y evitación**" un psicólogo conductual recomienda aprender a abordar aquello que nos produce ansiedad. Evitar nuestros miedos solo los empeora. Por otro lado, debemos evitar andar rumiando. Sentarse y pensar en nuestras ansiedades nunca las ha hecho desaparecer. Finalmente en términos de tendencia ansiosa (como revisar tres veces las cerraduras,etc.), aprenda que cuando no realiza esa acción, no sucede nada malo y la próxima vez se sentirá menos obligado a hacerlo. Por el contrario podemos aprender que cuando hacemos una acción que teníamos miedo, no sucede nada malo, y la próxima vez no tendremos tanto miedo de hacerlo.

Podemos superar nuestro miedo al hombre de una forma muy parecida: haz lo que temes hacer, no corras ni te escondas, afronta el conflicto y comprueba que sobrevives. Solía temer tanto las conversaciones incómodas que necesitaba un tiempo semanal para reflexionar sobre lo que estaba evitando. Cada domingo por la noche, después de hacer mi típica lista de tareas de la semana, hacía una lista secundaria de conversaciones difíciles que necesitaba tener. A menudo me tomaba tiempo para escribir en mi diario y orar para prepararme para la semana, pero sobre todo necesitaba ver por escrito las acciones necesarias para esa semana. A menudo, cuando lo escribía, ya no me daba tanto miedo. De hecho, a veces me sentía ridícula por sentir tanto miedo. Semana tras semana, mientras tachaba estas acciones, aprendí a temer menos al conflicto.

¿Qué puedes hacer esta semana para afrontar tu miedo al hombre?

_____

_____

Todos tenemos miedo, pero si combinamos el miedo con ser complaciente con la gente, obtenemos cobardía. Dios quiere que experimentemos fuerza en la debilidad. Si cada vez que tienes miedo te diriges a Dios en oración, confías en Él para vencer, y actúas de todos modos, serás mucho más fuerte espiritualmente.

_____

_____

_____

Día Cinco: Evangelización

> A la verdad, no me avergüenzo del evangelio, pues es poder de Dios para la salvación de todos los que creen...
>
> ~ Romanos 1:16

Mi principal preocupación cuando contaba el costo que implicaba vivir como discípulo de Jesús era lo que los demás pensarían de mí. En esencia, me avergonzaba de lo que Jesús representaba. Una amiga utilizó un ejemplo para explicar mejor la afirmación de Jesús de que "*el que se avergüence de mí y de mis palabras, el Hijo del hombre se avergonzará de él cuando venga en su gloria*" (Lucas 9:26). Me pidió que imaginara que tenía un prometido a quien amaba entrañablemente y con el que esperaba casarme ansiosamente. Un día se presenta en una fiesta de mi trabajo al cual yo no le había invitado. Cuando entra y se presenta como mi prometido, mi jefe parece confuso y pregunta: "*¿Quién? Ella nunca te ha mencionado*". Una compañera de trabajo exclama: "*¿Qué? ¿Mandy se va a casar? Ella nunca lo ha mencionado*". Otro dice: "*No, no está saliendo con nadie. Ella lo habría mencionado*". Cada una de estas personas con las que paso cuarenta horas a la semana no saben de la relación que digo ser la más importante de mi vida.

¿Cómo se sentiría mi prometido?

La persona complaciente que hay en nosotras no quiere ser un "fanático de Jesús", no quiere ofender a los demás, no quiere ser demasiado fuerte, no quiere actuar rara. Queremos hacer el evangelio más agradable a sus receptores.

Según los versículos siguientes, ¿cuál podría ser la respuesta de Dios con respecto a estos concernimientos?

1 Corintios 4:1-13

2 Corintios 5:20

Judas 20-23

¿Cuáles son algunos de los obstáculos que te impiden compartir tu fe?

Lee 1 Corintios 2:1-5, 2 Corintios 11:6 y 2 Corintios 12:7-10. ¿Cuáles fueron algunos de los obstáculos que tuvo Pablo?

___

Lee Efesios 6:20. ¿Cuáles son algunas de las palabras que utiliza Pablo para describir cómo quiere compartir el Evangelio con los demás?

___

Quizás el mayor obstáculo para Pablo fue que pasó gran parte de su ministerio en prisión. En aquella época, los presos solían estar encadenados a los guardias día y noche. La razón misma por la que Pablo estaba en prisión era por predicar el mensaje de Cristo; imagínese lo intimidante que debe haber sido seguir predicando ese mensaje estando literalmente atado a personas que se oponían. Pablo consideraba esto como "**el mayor progreso del evangelio**" porque su encarcelamiento lo llevó a "***ser bien conocido por toda la guardia pretoriana y por todos los demás***" (Filipenses 1:13 NASB). Al final de esta carta se refiere a los santos de la casa del César. No se sabe si se trata de parientes que se convirtieron de otra manera, pero es probable que fueran siervos convertidos por Pablo durante su encarcelamiento.

Lee 1 Tesalonicenses 2:1-6 y 13. ¿Por qué dice Pablo que "se atrevió" a contarles el evangelio (v.1)? ¿Cuáles podrían haber sido algunos de sus temores al enfrentarse a esa situación?

___

¿Qué animaba a Pablo a seguir predicando?

___

¿Cómo refleja Pablo lo contrario de agradar a la gente?

___

Lee 1 Tesalonicenses 4:8. ¿De qué manera el rechazo previo o las reacciones negativas te han disuadido de hablar con valentía por Dios?

___

Cuando nos importa más la opinión de la gente que la de Dios, el rechazo nos devastará. Cuando nos importa la opinión de Dios, nos sentimos satisfechos porque podemos estar seguros de que agradamos a Dios, sean cuales sean los resultados.

¿Qué es más importante para ti: caerle bien a aquellos que conoces y amas o que ellos vayan al Cielo? Está claro que cualquiera de nosotras respondería que lo segundo, sin embargo, ¿qué indican tus acciones diarias?

Día Seis: La Falsa Doctrina

La gente no quiere oír la verdad porque no quiere que se destruyan sus ilusiones

-Friedrich Nietsche

Por cada doctrina verdadera acerca de Dios, hay numerosas doctrinas falsas.

Lee 2 Timoteo 4:1-5. ¿Cuáles son algunas de las razones por las que surgen las falsas doctrinas?

_____

_____

A lo largo de la historia, el pueblo de Dios ha tratado con falsos profetas que intentan hacer el mensaje de Dios más atractivo para su público. Miqueas 2:11 dice: "*Si con la intención de mentirles llega algún engañador prometiendo abundancia de vino y cerveza, este pueblo lo verá como un profeta*". Las cosas no han cambiado mucho. La gente todavía quiere tener su pastel y comérselo también. Quieren las alegrías de una relación con Dios y una con el mundo.

Como complacientes, queremos dar a los demás lo que desean. Queremos hacer feliz a la gente. Así, podemos ser presa de la falsa profecía. Lee Jeremías 5:26-31, 6:14-16 y 7:1-11. ¿Cómo nos lleva a esta situación el complacer a la gente?

_____

_____

Dios resume la situación en Jeremías 7:28: "*La verdad ha desaparecido.*"

Jesús hace referencia a menudo a cómo se trataba a los falsos profetas en el Antiguo Testamento (Lucas 6:26). Básicamente, ¡se les trataba muy bien! No es de extrañar que muchos prefirieron aplacar al pueblo. La historia de la profecía de Micaías contra Acab ilustra bien la diferencia entre el trato a los falsos y a los verdaderos profetas. Lee 1 Reyes 22:1-28. Imagínate a ti mismo como uno de los 400 profetas convocados por Ajab. ¿Qué temores te impedirían expresar una opinión discrepante?

_____

_____

En 1 Reyes 22:15, Micaías también da una respuesta a Acab que es contraria a lo que Dios le ha mostrado. ¿Por qué crees que responde de esta manera?

_____

En las Exposiciones de McLaren, se hace un paralelismo entre el deseo de Acab de que le dijeran "*lo que [sus] oídos ansiosos querían oír*" (2 Timoteo 4:3) y nuestro propio deseo de lo mismo en el mundo religioso de hoy:

Hay un gran deseo hoy en día, tal vez más de lo que ha habido en otros períodos de la historia del mundo, de una religión que adorne, pero que no restrinja; de una religión que no tenga dientes, que no muerda; de una religión que sancione cualquier cosa que a nuestro soberano poder le plazca hacer. A todos nos gustaría tener la aprobación de Dios para nuestras acciones. Pero hay muchos de nosotros que no tomamos el único camino para asegurarlo, es decir, hacer las acciones que Él ordena y abstenernos de las que prohíbe. El cristianismo popular es una prenda muy fácil de poner; es como un zapato viejo que se puede quitar y poner sin ninguna dificultad. Pero una religión que no pone una fuerte barrera entre usted y muchas de sus inclinaciones no vale nada. La marca de un mensaje de Dios es que restringe y coacciona y prohíbe y ordena.[xliv]

Nuestro primer paso para agradar a Dios por encima del hombre es desear escuchar la verdad de Dios por encima de lo que esperamos que sea verdad. El siguiente paso es estar dispuestos a actuar según estas verdades frente a la oposición.

¿De qué manera puedes relacionarte con Acab en tu naturaleza de agradar a la gente?

___

___

¿De qué manera puedes relacionarte con los falsos profetas?

___

___

¿Cómo puedes parecerte más a Micaías, el verdadero profeta en quien Dios confió para transmitir Sus palabras?

___

___

Día Siete: Repaso Semanal

Recita el versículo para memorizar.

¿Hasta qué punto has seguido el reto de decir sólo cosas positivas de los demás y cosas sinceras?

_____

_____

_____

¿Qué área del miedo al hombre te gustaría afrontar esta semana? ¿Qué pasos puedes dar?

_____

_____

_____

Pensamiento positivo:

A menudo se ha dicho que la valentía no es la ausencia de miedo, sino la superación del miedo. ¿De qué manera te has enfrentado a tu miedo al hombre y has hecho cosas por Dios que te intimidaban?

_____

_____

_____

Semana Seis:

Las Relaciones

Verso para memorizar:

Hay amigos[a] que llevan a la ruina y hay amigos más fieles que un hermano.

(Proverbios 18:24, NIV)

* * * * *

Día Uno: La Madre Complaciente con la Gente

"Un niño, como tu estómago, no necesita todo lo que puedas darle".

~ Frank Howard Clark

Cuando mi hija tenía unos dos años y medio pasó por una etapa de rebeldía contra las siestas. Un día, después de disciplinarla y acostarla varias veces, la acosté por última vez, salí y cerré la puerta tras de mí. Intentando salir de su habitación, pataleó, gritó y golpeó la puerta durante varios minutos. Entonces empezó la verdadera batalla. "Mami, cárgame ", lloriqueaba. "Mami, tengo miedo". Después de un rato de silencio: "¡Mami, no me quieres!" Eso fue una daga a mi corazón. En ese momento estiré la pierna hacia mi habitación y con mi pie logré enganchar dos cosas muy importantes: 1) Un libro de paternidad que estaba en el suelo junto a mi estantería. 2) Mi teléfono móvil. Dios me bendijo asombrosamente con la proximidad de estos objetos (y dedos ágiles).

Primero, releí algunos párrafos del libro para padres que me alentaban a que cuando elijo una batalla con mi hijo pequeño, debo ganarla. Segundo, llamé a mi marido y le grité que no quería seguir los consejos del libro. Como para confirmar que no debía dejar que la rabieta de un niño manipulador dictara mis acciones, mi hija cambió de táctica: "*¡Mamá, hay una serpiente en mi habitación! Me va a morder*".

Estoy completamente segura de que no había ninguna serpiente en su habitación ese día y casi igual segura de que ella tampoco creía que hubiera una serpiente. Su táctica cambió unas cuantas veces más antes de que se rindiera y se quedara dormida en el suelo (Por cierto, se quedó en su cama a la hora de la siesta todos los días durante el año siguiente). Si la táctica de la serpiente no consiguió que abriera la puerta, ¿por qué su cuestionamiento de mi amor casi me hizo ceder? Porque a mí, como a la mayoría de las madres, me aterroriza romper el vínculo de amor entre mis hijos y yo.

Hoy vamos a analizar dos formas en las que complacer a la gente puede afectar a nuestra crianza y los miedos que subyacen a estos hábitos.

1) Complacer a tu hijo por encima de Dios.

Los niños que apenas han aprendido a hablar con frases han aprendido a manipular a sus padres diciéndoles: "No me gustas", "No te quiero" o "Eres malo". No digo que el niño sea siempre consciente de la manipulación, pero si cedemos a ella se habrá iniciado un patrón de manipulación. Los "eso no es justo" de la infancia se convierten en los "te odio" en la adolescencia. Estas tácticas se convertirán en la herramienta que el niño puede utilizar para controlarnos si cedemos a nuestro miedo a no gustarle a nuestros hijos.

Estoy segura de que no soy la única que duda de sí misma cuando recibo esta respuesta de mis hijos. Pueden hacerme sentir más culpable que nadie. Cuando mi hija se queja de que no le presto suficiente atención, mi primera reacción es sentirme culpable por no ser una madre atenta. Puede que a veces sea así, pero ella puede sentirse así incluso después de que haya pasado dos horas de tiempo de calidad con ella. Tengo que evaluar la situación como una adulta madura, no acobardarme ante las exigencias de una niña pequeña porque no quiero que piense que soy una mala mamá

Muchas madres se han convencido a sí mismas de que no es que les importe caer bien; simplemente les preocupa legítimamente que sus hijos se sientan desatendidos o poco queridos si no se satisfacen sus necesidades. En un foro online para mamás, una madre comenta que los niños son demasiado inocentes como para ser manipuladores. Escribe que cree lo mejor de todo el mundo, incluyendo los niños, y que no intentan ser malos. Cuando se hacen los tiernos y piden un abrazo en medio de la disciplina debe ser porque en realidad no están recibiendo suficientes abrazos a lo largo del día.

Cuando nos creamos esta ideología blanda y sentimental, estaremos constantemente buscando complacer a nuestros hijos en lugar de buscar fortalecerlos y formarlos. Recuerda que tienes veinte o treinta años más de experiencia vital que tus niños. Usa la sabiduría y el discernimiento que has ido adquiriendo por el camino.

Otro peligro de apaciguar a nuestros hijos es intentar motivarlos constantemente por sus sentimientos hacia nosotros en lugar de hacia Dios. Obviamente es algo grandioso cuando nuestros hijos disfrutan las responsabilidades que se les dan (y por lo tanto no están molestos con nosotros por asignarlas), pero no debe ser una necesidad absoluta. Si mi hija sólo cooperará y limpiará su habitación porque me quiere tanto que sólo quiere alegrarme la vida y cumplir cada una de mis peticiones con una sonrisa y un abrazo, en primer lugar sería una niña muy rara. En segundo lugar, me resultaría muy difícil motivarla cuando no se sintiera tan cariñosa (es decir, la mayor parte de la adolescencia). Durante el resto de su vida tendrá que cumplir muchas peticiones de respeto y confianza en la autoridad en la escuela y en su futuro lugar de trabajo. Es más importante que me muestre respeto -independientemente de cómo se sienta en su deseo de completar la tarea- a que disfrute de cada tarea mundana como una Mary Poppins en miniatura. Muchos padres pasan demasiado tiempo intentando engañar a sus hijos haciéndoles creer que las cosas son divertidas y deseables para que sus hijos no estén descontentos con ellos por obligarles a trabajar. En última instancia, ¿quieres que tus hijos estén motivados por su amor y respeto a Dios o a ti?

A medida que nuestros hijos entran en la preadolescencia y la adolescencia, aumenta la presión por ser la "mamá moderna". Una de las mayores luchas de los adolescentes es el deseo de ajustarse a las normas mundanas. Si adoptamos posturas claras en su primera infancia, las batallas posteriores serán más fáciles. Nuestra autoridad como padres debe prevalecer sobre la de la sociedad en cuanto a lo que es normal. Mi hija llegó a casa de primer día de Kindergarten con un novio. Esto no era bonito ni chistoso. Fomentar las ideas románticas en las niñas sólo les impone la carga de complacer a la gente a una edad temprana. Aprenden a ser conscientes de su imagen ante los chicos en lugar de sentirse libres para ser ellas mismas en todas sus interacciones sociales. Nunca habíamos hablado de la idea de salir con chicos porque no quería fomentar ese deseo en ella, así que le pregunté cómo sabía que ese niño era su novio. Me dijo que los otros niños le habían dicho que el niño con el que se sentaba a comer era su novio. No recordaba su nombre y me preguntó qué significaba esa palabra. Después de explicarle la finalidad de las citas, me respondió que no era lo bastante mayor para eso y que le diría a todo el mundo que no tiene novio.

Imagínate lo diferente que podría haber sido si hubiera dicho "ahhh" y me hubiera reído y hubiera contado a mis amigos lo mono que era delante de ella y le hubiera pedido quedar con él en una fiesta de clase y les hubiera hecho fotos juntos. Esto puede parecer ridículo, pero ocurre a menudo. Incluso un niño de cinco años puede darse cuenta de lo ridícula que es la idea de salir con alguien en la guardería con un poco de charla y enseñanza cuidadosas, pero muchas madres no han hecho más que avivar el fuego del romance en la prepubertad.

Si no ayudamos a nuestros hijos a aprender a no amoldarse en la escuela primaria, ¿qué esperanza tienen de enfrentarse a la presión de grupo en el instituto? ¿Desarrollarán de repente el carácter necesario para ser diferentes cuando cumplan trece años? Las "normas" sociales de la adolescencia no sólo son pecaminosas, sino a menudo ilegales, peligrosas e incluso mortales.

Considere lo siguiente:

- ¿Gasta demasiado porque quiere darle a su hijo todo lo que pide o todo lo que tienen otros niños de su entorno?
- ¿Soluciona cualquier situación que haga llorar a su niño aplacándolo, aunque sepas que en última instancia es por su propio bien (por ejemplo, que se vaya a la cama a su hora, que coma sano, etc.)?
- ¿Alguna vez has hecho que tu esposo sea el malo para que tu hijo se enfade con él en vez de contigo?
- ¿Intenta ser más amiga de su niño que ser madre?
- ¿Tiene miedo de que su hijo sea raro o tenga problemas para hacer amigos por ser demasiado "religioso" o conservador?

¿Se ha dado alguna de estas situaciones en su forma de criar a sus hijos? ¿El miedo a perder el afecto de sus hijos ha influido de alguna otra manera en su forma de criar?

___

___

2) Complacer a los que te rodean.

Puede ser tentador esconder bajo la alfombra el mal comportamiento de nuestros hijos cuando no es conveniente afrontarlo, especialmente delante de la gente. Ya sea en un supermercado lleno de gente o durante un estudio bíblico, nuestra prioridad deben ser nuestros hijos. A menudo, nuestro miedo a las reacciones de los demás ante nuestros métodos de crianza nos lleva a no hacer nada. ¿Cómo afectará a sus hijos si sólo corrige mal comportamiento en la intimidad de su hogar, sin nadie alrededor?

___

En muchos aspectos de la crianza de los hijos hay métodos igualmente válidos, al menos en un sentido moral. He oído muchas veces la expresión "**culpa de mamá**" desde que soy madre, y parte de esa culpa proviene del juicio y la condescendencia de otros padres que creen que su método es mejor o hacen suposiciones sobre la situación de los demás. Algunas madres pueden tener convicciones inquebrantables sobre la lactancia, los horarios de sueño, el uso del chupete, los ingredientes de los alimentos y una multitud de otros temas. En ninguna parte de la Biblia Dios expresa una opinión sobre estos temas. Son cuestiones de opinión que podemos discutir entre nosotros, pero no debemos condenar a los demás simplemente porque tengamos diferencias de perspectiva.

Sin embargo, a Dios le importa mucho criar a nuestros hijos para que sean obedientes a nosotros y a Él. Nos ha dado hijos con la intención de que les enseñemos Sus caminos (Proverbios 1:8). La opinión de otras personas que genuinamente se preocupan por mis hijos y por mí no es de ninguna manera un juicio; es amor. Cuando intento presentar a mis hijos como perfectos a todos los que me rodean, estoy evitando oportunidades de convertirme en una mejor madre. Su salvación debe ser más importante que mi orgullo. Necesito abrirme a las sugerencias de otros por el bien de ellos.

¿Quiere tener un hijo modelo que se comporte perfectamente bien para quedar bien, o quiere que el carácter de sus hijos quede expuesto -incluso delante de una multitud de personas (¡vaya!)- mientras son jóvenes para que usted y los demás puedan guiarlos hacia una fe sincera? (2 Timoteo 1:5)

Lee Proverbios 13:24 y 23:13. ¿Está disciplinando a sus hijos de una manera que salvará sus almas?

___

___

¿Tienes más dificultad disciplinar por miedo a perder el afecto de tus hijos o por miedo a ser juzgado por los demás?

___

___

Otra forma en que podemos permitir que el mundo influya en nuestra crianza es cediendo al mundo de la competencia. Los niños compiten en deportes y otras actividades a edades cada vez más tempranas. Me desconcierta cuando los padres desean fama y fortuna para sus hijos y empiezan a entrenarlos para una carrera desde que son pequeños. ¿Cuántas estrellas infantiles de Disney o cantantes pop con sobredosis de drogas necesitamos ver (intencionada o no) para que nos demos cuenta de que la fama arruina a la gente? ¿Cuántos crímenes y amoríos secretos entre deportistas profesionales necesitamos descubrir para decidir que no queremos la idolatría hacia nuestros hijos?

Si alguna vez miramos con envidia los logros excepcionales de los hijos de otras personas, recordemos que tuvieron un precio. Pocos niños nacen prodigios. La mayoría de los padres dedican su vida a perfeccionar la habilidad concreta de su hijo para que alcance los niveles que nos maravillan. No digo que esté mal querer que tu hijo se destaque en ciertas áreas, pero nunca al detrimento de prioridades más altas.

¿Qué logros espirituales sueña para sus hijos?

___

¿Cómo puedes estructurar el horario de tu familia para que estos logros se hagan realidad algún día?

_____

Plantéate algunas de estas preguntas:

¿Cedes a las exigencias de su hijo para evitarle un berrinche en público?

¿Te ríes de los comentarios irrespetuosos de tus hijos cuando están delante de otras personas?

¿Sientes la necesidad de que tus hijos sean mejores que los demás: más guapos, más listos, mejor educados, con más talento?

¿Intentas ser una super-mamá? ¿Te estresas buscando formas de ser más creativa o impresionante como madre? (¿Necesitas dejar de mirar Pinterest?)

Como madre cristiana te enfrentarás continuamente a decisiones de moldearte a la típica (o mejor que la típica) familia americana, o agradar a Dios. Nuestros hijos están siendo influenciados por el mundo más de lo que nosotros nunca lo fuimos a través de la presión adicional del constante bombardeo de los medios de comunicación. ¿Somos la voz de la razón, hablando la sabiduría de Dios, en sus vidas, o sucumbimos a la presión de satisfacer sus deseos - los deseos que están obteniendo del mundo?

¿En qué área estás tentada a moldearte al mundo o complacer a otros en tu crianza?

_____

_____

Busca una Escritura sobre este tema para que tú y tus hijos la memoricen juntos. Escríbela aquí.

_____

_____

_____

Dia Dos: Niños que Complacen a la Gente

"No te preocupes que los niños nunca te escuchen; preocúpate de que siempre te estén mirando."

~ Robert Fulghum

Un día, mientras intentaba ayudar a mi hija a aprender a escribir su nombre, tuvo una crisis. Ni siquiera quería intentarlo porque tenía mucho miedo de equivocarse. Si no podía escribir todas las letras perfectamente a la primera, no quería hacerlo. Vi mucho de mí misma en su actitud en aquel momento. No pude evitar preguntarme hasta qué punto su miedo al fracaso se debía a una sobreabundancia de correcciones minuciosas de mi parte. No podemos vivir con el temor de que la corrección de nuestros hijos los condene a tener una baja autoestima, pero debemos elegir nuestra forma de corregir con cuidado. Tengo que ser consciente de que mi perfeccionismo también convertirá a mis hijos en complacientes.

Irónicamente, así como complacer a la gente puede resultar en una falta de disciplina frente a los demás, puede conducir a una sobreabundancia de corrección en las áreas equivocadas.

Proverbios 22:6 dice: "*Instruye al niño en el camino correcto y aun en su vejez no lo abandonará.*" Tómese un momento para considerar los caminos de la vida que le gustaría que siguieran sus hijos. Enumérelos en orden de importancia.

_____

_____

Describe los atributos de carácter que deberán tener para tomar estas decisiones.

_____

_____

¿Cuál es el peligro del camino a ser complaciente con la gente?

_____

_____

Piensa en las interacciones que has tenido con tus hijos en los últimos días. ¿Qué comportamientos o actitudes has corregido?

_____

_____

¿Qué elogios les has dado?

___

___

La formación que damos a nuestros hijos, ¿corresponde con las prioridades que decimos tener? Creo firmemente en enseñar a mis hijos a amar a los demás y a ser responsables, pero a menudo me encuentro corrigiendo ruidos molestos y falta de sentido de la moda. Debemos ser muy conscientes a la hora de elegir nuestras batallas. A veces, podemos elegir la batalla de la corrección social, pero si nos excedemos en este terreno enseñaremos a nuestros hijos a dar prioridad a aspectos de la vida que no son tan importantes como otros. Del mismo modo, lo que les felicitamos puede indicar qué prioridades les estamos enseñando. Deberíamos elogiar a nuestros hijos por rasgos de buen carácter más que por cualidades inherentes. Por ejemplo, elogiar a su hija por esforzarse al máximo sin rendirse y no decirle que tan lista y guapa es.

¿Cuáles son algunas características opuestas a ser complaciente con la gente? ¿Cómo puedes empezar a enseñárselas a tus hijos ahora mismo?

___

___

Tengo una caricatura favorita sobre ser profesora universitaria con la que me identifico. Los tres primeros fotogramas muestran a profesores diciendo a niños de primaria, secundaria y bachillerato: "*Siéntate y cállate*". En el último fotograma aparece un profesor universitario preguntando a un grupo de estudiantes de aspecto apático: "*¿Por qué no habla nadie?*". La misma dinámica puede darse en nuestras familias. Sin darnos cuenta, podemos enseñar a nuestros hijos a reprimir sus emociones y a obedecer por fuera sin tener convicciones por dentro. Con los niños pequeños, es primordial enseñarles a obedecer. Debemos sentar las bases del respeto a la autoridad que un día conducirá a la reverencia a Dios. Sin embargo, a medida que los niños crecen tenemos que darles algo de voz. No queremos criar personas pasivamente obedientes y complacientes.

No estoy sugiriendo en absoluto que permitamos que los niños discutan, coaccionen o incluso discutan largo y tendido cada petición. Pero hay una diferencia entre la conformidad y la obediencia. Una vez que el niño alcanza la edad de ser capaz de razonar, es importante dar prioridad a abordar el corazón del respeto, la consideración y la cooperación. Aunque es mucho más difícil de pronunciar, mi hija aprendió la palabra "cooperación" a una edad muy temprana.

Por último, si ponemos una fachada para el mundo exterior que no corresponde con nuestro comportamiento en casa, destruiremos la fe de nuestros hijos. Si me ven ser amable y cortés con los demás, pero los calumnio en privado, actuando optimista y feliz en público, pero ansioso y estresado en casa, y pueden sentir mi miedo y la culpa, y están sujetos a mi meticulosidad y perfeccionismo en lugar de discutir su carácter y la fe, voy a estar entrenándolos para ser complacientes con la gente también.

Lee 2 Reyes 15:32-35 y 16:1-4. Jotam reinó durante dieciséis años obedeciendo a Dios en la mayoría de los aspectos, pero nunca derribó los lugares de adoración pagana. ¿Por qué habrá negligido esto?

_____

_____

Su hijo Acaz se convirtió en rey tras la muerte de Jotam. Según este pasaje, ¿por cuáles pecados es conocido?

_____

_____

¿En qué habrían cambiado las convicciones de Acaz si hubiera visto a su padre derribar estos lugares por su celo por el Señor?

_____

_____

¿Qué le comunicó a su hijo la falta de acción de Jotam?

_____

_____

En las Escrituras vemos muchos casos en personas rectas crían hijos que eligen no seguir a Dios. No existe una ciencia exacta y cada persona tiene libre albedrío. Sin embargo, debemos considerar si estamos dando a nuestros hijos la mejor oportunidad posible. ¿Seremos su inspiración o su obstáculo?

*   *   *   *   *

Preguntas para los adolescentes:

¿A quién buscas agradar más: a ti mismo, a tus padres, a tus amigos, a tus compañeros o a Dios? ¿Cómo se manifiesta esto en tu vida?

_____

_____

Cuando vives de una manera que agrada a tus padres, ¿cuál es tu motivación?

_____

¿Hay alguna motivación diferente que crees que Dios quiere que tengas?

_____

_____

¿Conocen tus padres a tu verdadero yo? Si no es así, ¿qué partes ocultas? ¿Por qué?

_____

_____

¿Temes que, si no cumples las expectativas de tus padres, eso afecte el amor que tienen por ti? ¿Has hablado alguna vez de estos temores con ellos?

_____

_____

Día Tres: El Matrimonio

"Un matrimonio exitoso requiere enamorarse muchas veces, siempre con la misma persona."

~ Mignon McLaughlin

¿Cómo puede afectar a nuestro matrimonio el complaciente con la gente? Hay dos posibilidades, o nos estemos escondiendo con nuestro matrimonio o escondiéndonos de nuestro esposo(a).

1. Agradable exteriormente.

Volviendo a la historia de Ananías y Safira, podemos ver una dinámica matrimonial clásica que ocurre con muchas parejas, ya sea en la iglesia o no. Hechos 5:1-2 atribuye el engaño deliberado enteramente a Ananías. Después de que él y su esposa vendieron su propiedad, dice que "*Con pleno conocimiento de su esposa, guardó parte del dinero para sí, pero trajo el resto y lo puso a los pies del apóstol*". La Biblia no nos dice si Safira estaba de acuerdo con esta decisión o no, pero deja claro que ella no formaba parte de la decisión. Es muy posible que ella fuera con él a vender la propiedad creyendo que iban a dar toda la cantidad en beneficio de este movimiento de Dios del que formaban parte y que ella sabía que él no debía hacer un acto de mayor generosidad hacia los apóstoles de lo que era en realidad. Cuando las parejas colaboran para parecer pacíficas y perfectas al mundo exterior mientras ocultan su dinámica matrimonial real, se condenan espiritualmente.

Tanto si su esposo es un completo enemigo de Dios o es el cristiano más devoto que jamás haya existido, pecará. A veces pecará directamente contra usted. Otras veces usted será testigo de un comportamiento que otros en la iglesia se escandalizarán de ver. Proteger a nuestros esposos del escrutinio sólo los perjudicará a la larga.

Lee Proverbios 27:6. ¿Es tu esposo tu mejor amigo? ¿Quieres serle fiel o quieres ser enemiga de su espiritualidad? ¿Cómo puedes aplicar este proverbio a tu matrimonio?

---

2. Complaciente detrás de la puerta cerrada.

La Biblia describe al matrimonio como dos convirtiéndose en uno. Tertuliano, un escritor cristiano del siglo II, expone esta idea:

¿Qué clase de yugo es el de dos creyentes? Es una esperanza, un deseo, una disciplina y un mismo servicio. Ambos son hermanos; ambos son consiervos. No hay diferencia de espíritu o de carne. Más bien, son verdaderamente dos en una sola carne. Donde la carne es una, el espíritu también lo es. Juntos ; juntos se postran. Juntos ayunan, se enseñan mutuamente, se exhortan mutuamente, se sostienen mutuamente. Ambos están por igual en la iglesia de Dios; por igual en el banquete de Dios; por igual en las tribulaciones, en las persecuciones, en los alimentos. Ninguno tiene que esconderse del otro; ninguno rehúye al otro; ninguno es molesto para el otro. Con total libertad, se visita a los enfermos y se alivia a los pobres... No hay ningún signo secreto, ningún saludo tembloroso, ninguna bendición muda. Salmos e himnos resuenan entre ambos. Y se desafían mutuamente sobre cuál de los dos cantará mejor a su Señor. Cristo se regocija cuando ve y oye cosas así.[xlv]

Esta es una descripción tan hermosa del matrimonio cristiano. ¿Qué impide este tipo de unidad completa en el matrimonio?

La Biblia nos dice que el papel de una esposa es agradar, amar y someterse a su marido (1 Corintios 8:34, Tito 2:4-5). Pero si buscamos eliminar cada momento menor y temporal de desagrado, en realidad estamos buscando complacernos a nosotras mismas más que a nuestros esposos. El conflicto dentro del matrimonio es inevitable. Complacer a la gente no elimina el conflicto dentro del matrimonio; simplemente lo pospone. Desafortunadamente, he sido testigo de cómo el conflicto en algunos matrimonios se pospone hasta el punto de que sólo ocurre justo antes o después de que se presenten los papeles del divorcio.

En *Pelea Justa: Ganando un Conflicto sin Perder un Amor*, Tim y Joy Downs enumeran las fuentes más comunes de conflicto en el matrimonio: las finanzas, las decisiones sobre la crianza de los hijos, las relaciones con los suegros, el sexo, el poder y la autoridad, las exigencias del trabajo, la programación y las prioridades, el uso del tiempo libre, los hábitos personales y las responsabilidades domésticas.[xlvi] ¿Cuál de estas áreas del matrimonio es más difícil de discutir para ti y tu esposo? ¿Por qué?

Los autores escriben que muchas parejas "*desean la paz más que el conflicto, la tranquilidad más que la disputa, el orden más que la confusión*".[xlvii] La verdadera paz, especialmente en el matrimonio, proviene de la resolución a fondo de los conflictos. Evitar los problemas sólo conduce a la apariencia de paz.

En este libro se incluye una caricatura que muestra a uno de los cónyuges diciéndole al otro: "**Voy a decir una cosa más y luego saldré corriendo de la habitación**". A menudo, cuando tenemos un conflicto, encontramos la manera de exponer nuestro caso -no siempre con rectitud-, pero no permitimos que nuestros maridos hablen también con libertad. La idea de sentarnos cara a cara para resolver un desacuerdo que ambos sentimos profundamente nos aterroriza. En mi matrimonio, mi esposo y yo por naturaleza somos evasivss a enfrentar conflicto. A menudo nos hemos enorgullecido de ser tranquilos y pacíficos, pero hemos aprendido que ésta no siempre es una dinámica saludable si los problemas se están cociendo a fuego lento bajo la superficie. Al principio, uno de mis miedos ante los conflictos era desconfiar de mí misma para comunicarme con claridad o de una manera piadosa, lo que sólo empeoraba las cosas. Hemos tenido que aprender a "pelear" de una manera productiva. Solíamos terminar cada conflicto de la misma manera: Yo contenía mis emociones durante toda la conversación para poder expresarme y escuchar, y luego, cuando sentía que se estaba llegando a algún tipo de resolución, rompía en llanto. Mi esposo lo interpretaba como que yo le manipulaba para que se disculpara o cediera más con una muestra de impotencia. En realidad, lloraba de alivio. Hemos llegado a un punto en nuestro matrimonio en el que podemos hablar de nuestros sentimientos con franqueza, calma y consideración hacia el otro. Esto sólo se consigue con la práctica de muchos, muchos, muchos intentos imperfectos (y más que vendrán).

Los expertos creen que la infidelidad entre las mujeres suele estar motivada por factores muy distintos a los de los hombres. Las mujeres "***buscan llenar un vacío emocional***",[xlviii] se sienten solas, desconectadas y olvidadas, y desean la misma atención y afecto que antes recibían de sus maridos. Cuando nos sentimos solas y desconectadas, ¿cuántas veces es porque no somos sinceras con lo que sentimos? ¿Porque tememos exponernos y que nada cambie? ¿Porque nos han herido en el pasado y no creemos que nada pueda ser diferente? ¿Cómo puede guiarte tu marido si no conoce tus opiniones, deseos, emociones y miedos?

Cuando nuestros hijos hieren nuestros sentimientos, no abandonamos la relación. No nos resignamos a una vida de distancia emocional. Seguimos librando la batalla por dura que sea. Tim y Joy Downs discuten el mandato de Jesús de dejar nuestra ofrenda en el altar y reconciliarnos con nuestro hermano en términos de matrimonio (Mateo 5:23-4). No podemos identificarnos con el acto de acercarse al altar de Dios con un sacrificio en la mano, pero sí entendemos la pausa para reflexionar sobre la cruz mientras comulgamos. 1 Corintios 11:28 nos dice que nos examinemos a nosotros mismos antes de comulgar con Dios. Si consideramos la importancia que Jesús concede a reconciliarse con los hermanos en la fe antes de hacer un sacrificio a Dios, podría deducirse que deberíamos tener la misma actitud ante nuestra propia participación en la cruz, tal como la experimentamos en la nueva alianza. Y la relación primordial de la que debemos preocuparnos es con nuestros esposos. Deberíamos examinar a menudo nuestro corazón para ver si hay alguna desunión en nuestro matrimonio, y debemos ser urgentes en resolverla.

Ser complaciente con la gente destruirá cualquier matrimonio. Te sentirás atrapada, infeliz, culpable y resentida.

Considera lo siguiente:

- ¿Eres sincera con su esposo u omites los detalles que crees le molestarán?
- ¿Eres sincera cuando te pregunta si está enfadada o disgustada? ¿Esperas que lea tu mente o tu lenguaje corporal y te enfada más cuando te equivocas?
- ¿Estás de acuerdo con él pero después te sientes resentida por no haber hablado claro?
- ¿Eres pasiva-agresiva? ¿Dejas que tu enfado se manifieste de forma sutil, como el sarcasmo o la frialdad, en lugar de hacerlo con honestidad abierta y vulnerable?

¿Le ha afectado negativamente a tu matrimonio el pecado de ser complaciente con la gente de estas u otras maneras?

¿Hay temas que has evitado hablar con tu esposo? ¿Qué puedes hacer para que estas conversaciones difíciles tengan éxito?

Día Cuatro: Las Amistades

El que con sabios anda, sabio se vuelve; el que con necios se junta, saldrá mal parado.

~ Proverbios 13:20

Proverbios 23:7 se cita a menudo como: "**pues él solo piensa en los gastos. «Come y bebe», te dirá, pero no te lo dirá de corazón.**" El punto que muchos escritores destacan de esta Escritura es que nuestro pensamiento negativo puede ser una profecía autocumplida. Por ejemplo, creemos que nunca encontraremos el amor y, por lo tanto, evitamos situaciones que nos llevarían a una relación. Esto puede ser cierto y aplicable a los temas de este libro, pero esta interpretación del proverbio no es del todo exacta.

La situación que se describe en estos versículos es la de "*un hombre tacaño*" que invita a cenar a un huésped. Por fuera, el anfitrión trata de parecer magnánimo; sin embargo, por dentro está irritado por lo mucho que le está costando su supuesta generosidad. Su carácter complaciente le ha llevado a la amargura. Al otro lado de la mesa, el invitado ha disfrutado mucho de la velada y ha hecho grandes elogios al anfitrión. El proverbio le advierte: "***Vomitarás lo poco que has comido y habrás desperdiciado tus elogios***". Ouch. Obviamente, la persona no vomitará literalmente toda la comida, pero ¿por qué la interacción la dejará asqueada? Probablemente porque la otra persona dejará muy claro más adelante que su ofrecimiento no fue realmente desinteresado y amable. ¿Has aceptado alguna vez un regalo o ayuda de alguien sólo para sentir que te lo echan en cara en el futuro? Básicamente, el invitado está siendo advertido de que no debe ser complaciente con la gente y de que no debe hacer cumplidos a esta persona con la esperanza de quedar bien con ella, porque la otra persona no es auténtica y no vale la pena tener una relación con ella. Salomón está demostrando cómo la complacencia de la gente cruza todas las barreras sociales y económicas: el pobre halaga al rico para ser aceptado por él, mientras que el rico intenta parecer generoso para ser respetado por los demás.

Lo que a menudo se toma ser seguro en uno mismo es en realidad es una advertencia de que la apariencia no es lo que hay en el corazón. ¡Cuidado con los complacientes!

Está claro que, como enseña 1 Corintios 13, el amor se basa en la confianza. No debemos sospechar en todo momento de los motivos de los demás. Tendemos a proyectar nuestros propios pensamientos y sentimientos en los demás. Como a menudo tenemos necesidades y emociones no expresadas, creemos que los demás nos ocultan sus verdaderas reacciones. Una amiga puede decir que entiende perfectamente por qué no puedes ir a la fiesta a la que te ha invitado, pero tú te obsesionas con lo que realmente puede estar pensando o sintiendo hacia ti. No debemos permitir que nuestras propias tendencias a complacer a la gente empañen nuestra confianza en los demás. Al mismo tiempo, nuestras relaciones más estrechas deberían ser con quienes sabemos que son sinceros, honestos y francos.

Cuando una amiga calumnia de otras personas, no hago mal en tener prudencia al compartir mis secretos íntimos con ella. No es alguien con quien quiera ser amiga íntima. Es a los más cercanos a nosotros a quienes más hiere actuar complaciente. Jeremías 12:6 advierte: "***Tus hermanos, tu propia familia, incluso ellos te han traicionado; han lanzado un fuerte grito contra ti. No confíes en ellos, aunque hablen bien de ti***".

¿Qué nos dice la palabra de Dios sobre la elección de los amigos en los versículos siguientes?

- Esdras 9:12

___

- Proverbios 12:26

___

- Proverbios 27:6

___

- Corintios 15:33

___

En la era de tener cientos, o incluso miles, de amigos en Facebook, puede parecer que cuantos más amigos, mejor. La Biblia nos dice que menos es más. Lee Proverbios 18:24. ¿Cuál es el peligro de tener muchos amigos?

___

___

Lee Proverbios 27:10. Con el mismo espíritu de ser selectivos en nuestras amistades, este versículo nos anima esencialmente a "***crecer donde estamos plantados***", como dice el refrán, en nuestras relaciones. Para muchos de nosotros que tememos la franqueza y el conflicto, podemos llegar a sentirnos cómodos con una o dos personas en nuestras vidas y seguir buscando su consejo en todas las situaciones. A menudo, las situaciones de nuestra vida pueden cambiar con respecto a la de nuestros amigos o uno de nosotros puede mudarse lejos, pero seguimos aferrándonos a esa amistad como nuestro principal apoyo. Si las circunstancias cambian una de tus amistades más cercanas, Dios puede estar creando una oportunidad para que salgas de tu zona cómoda y hagas nuevos amigos.

Jesús ama a todos incondicionalmente, pero para él la amistad era condicional. Dice en Juan 15:14: "*Ustedes son mis amigos si hacen lo que yo les mando.*"

¿Qué factores debes tomar en cuenta a la hora de elegir tus amistades íntimas?

___

Día Cinco: Trabajo, Escuela y Servicio

"Quizás demasiado de todo es tan malo como demasiado poco."

~ Edward Ferber

Complacer a la gente puede afectarnos en el trabajo, en la escuela o en los compromisos voluntarios de muchas maneras, como participar en quejas, chismes o bromas groseras, comprometer nuestras normas para salir adelante, no defender la justicia, ser negativos o calumniar al jefe o al maestro. Incluso podemos caer en la tentación de hacer trampas o tomar atajos para no quedarnos atrás. C.S. Lewis escribe: "**Integridad es hacer lo correcto, incluso cuando nadie está mirando**".

Puedes aplicar muchos de los principios que hemos aprendido hasta ahora en todos los ámbitos de tu vida. Hoy vamos a analizar específicamente dos formas contrastadas en las que nuestro miedo a las reacciones de los demás puede afectar a nuestro ámbito laboral.

1. Estar excesivamente ocupado

Lee Eclesiastés 7:16. Este pasaje parece referirse a la idea del mártir sacrificado, es decir, a hacer siempre más de lo que te corresponde, o a la necesidad de que te necesiten. ¿Cómo nos "destruirá" esto?

___

___

La solución a este problema es delegar. Una razón común para no delegar es el perfeccionismo. Otra razón de los complacientes es que no queremos molestar a los demás pidiéndoles que hagan su parte. Podemos suponer que si ciertas personas no se han ofrecido para ayudar, no tienen ningún deseo de hacerlo y se enfadarán con nosotros si se lo pedimos.

Estos son algunos de los temores más comunes en decir que "no":

- Los demás pensarán que soy egoísta.
- Dios pensará que soy egoísta.
- Nadie volverá a pedirme ayuda.
- Esa persona no me querrá ni me respetará.
- Me sentiré culpable.
- Si en el futuro necesito algo de alguien, no me sentiré justificada para pedirlo porque no he hecho nada para "ganarlo".
- Si no devuelvo un favor significa que no estoy agradecida por lo que me han dado.

¿Necesitas decir "no" más a menudo? ¿Qué miedos te lo impiden?

___

Mi impedimento a decir "no" me conlleva a la amargura y la crítica cuando me aleja de mis prioridades. Si constantemente pongo las necesidades de los demás por encima de las mías, las de familia y mi relación con Dios, acabaré culpando a los demás por mi infelicidad, aunque es en realidad mi responsabilidad elegir mis prioridades.

Es necesario tomar tiempo para relajarse. Jesús se tomó tiempo para estar a solas con Dios, comer tranquilamente y pasar tiempo con sus amigos. Podía haber sanado o salvado a más gente, pero tenía otras prioridades además de servir 24 horas al día, 7 días a la semana. Pablo nos dice, en relación con nuestras finanzas, que "*Es cierto que con la verdadera religión se obtienen grandes ganancias, pero solo si uno está satisfecho con lo que tiene.*" (1 Timoteo 6:6). Yo también he tenido que aprender a contentarme con mis capacidades y limitaciones. La insatisfacción conmigo misma en forma de culpa por no hacer más es sólo otra forma de descontento. Salomón también tiene palabras de sabiduría sobre cómo estar contento de esta manera: "*Cuando Dios da a un hombre riquezas y posesiones, y le permite disfrutar de ellas, aceptar su suerte y ser feliz en su trabajo, esto es un don de Dios. Rara vez reflexiona sobre los días de su vida, porque Dios lo mantiene ocupado con alegría de corazón.*"

¿Cuáles son tus prioridades; les dedicas el tiempo necesario?

_____

_____

¿Estás disfrutando de la vida que Dios te ha dado?

_____

_____

2. Hacer lo mínimo.

Esta situación suele darse especialmente dentro de la iglesia. Complacer a la gente puede conllevar a no utilizar plenamente nuestros talentos para Dios si nos sentimos inseguros y tememos a fracasar. Puede que nos preocupemos: ¿y si este no es realmente mi talento? ¿Qué tal si soy mejor de lo que creo ser? ¿Y si no me aprecian? ¿Y si no ayudo a nadie?

Si no estás utilizando plenamente tus dones para Dios, pregúntate: ¿A qué temo?

Lee Mateo 25:14-30. ¿Con quién está enfadado Dios y por qué?

_____

_____

Mi inseguridad habitual al querer usar mis talentos es pensar que voy a parecer orgullosa y presumida. Creo que Dios me dio talento para escribir y enseñar, pero es difícil hacerlo sin llamar la atención. Creo que Dios ha usado mi primer libro para ayudar espiritualmente a las mujeres, pero odio promocionarlo.

Si no fuera porque mi esposo me animó, ¡creo que nadie lo hubiera leído! Estoy tan preocupada por si la gente piensa que soy una acaparadora de gloria, que no le estoy dando gloria a Dios. Debería tener más miedo de la reacción que Dios tiene hacia aquel quien no usó su talento. Fíjate que no preguntó si el hombre con cinco talentos los mostraba demasiado; se indignó más por aquel que no utilizaba sus dones.

La canción "**A los ojos del Cielo**" de la película *El Príncipe de Egipto* describe poéticamente la importancia de utilizar nuestros dones para Dios y desempeñar nuestro papel - por grande o pequeño que sea - en la construcción del reino de Dios.

Un solo hilo en un tapiz, aunque su color brille intensamente
Nunca puede ver su propósito en el patrón del gran diseño.
Y la piedra que se sienta en la cima de la poderosa montaña.
No se cree más importante que las piedras que forman la base.
Entonces, ¿cómo puedes ver lo que vale tu vida o dónde está tu valor?
Nunca puedes ver a través de los ojos del hombre.
Debes mirar tu vida a través de los ojos del cielo.

¿Cuáles son sus talentos?

___

___

¿Los aprovechas al máximo? Si no es así, ¿qué temores te lo impiden?

___

___

___

Día Seis: Las Prioridades

A las ancianas, enséñales que sean reverentes en su conducta, y no calumniadoras ni adictas al mucho vino. Deben enseñar lo bueno 4 y aconsejar a las jóvenes a amar a sus esposos y a sus hijos, a ser sensatas y puras, cuidadosas del hogar, bondadosas y sumisas a sus esposos, para que no se hable mal de la palabra de Dios.

~ Tito 2:3-5

Complacer a la gente nos lleva a confundir nuestras prioridades. Como mujeres cristianas, nuestras prioridades deben ser Dios en primer lugar, nuestros esposos e hijos en segundo lugar, y después la iglesia y el mundo perdido (Mateo 22:37-39, Tito 2:3-5, Efesios 5:22-24, Gálatas 6:10). Ceder ante la presión de las expectativas de los demás a menudo nos lleva a dar a Dios, a nuestros esposos y a nuestros hijos lo que nos sobra.

Lee 1 Samuel 2:12-36. ¿De qué manera pecaban los hijos de Elí contra el Señor?

___

___

Elí reprende a sus hijos cuando se entera de lo que han estado haciendo (vv. 22-25). Desgraciadamente, parece que es muy poco y muy tarde. El profeta de Dios habla a Elí y le transmite el mensaje de que Dios le hace responsable del comportamiento de sus hijos. Lo acusa de honrar a sus hijos por encima de Dios (v. 29). ¿Por qué culpa Dios a Elí de los errores de sus hijos?

___

___

Este ejemplo se refiere a la paternidad, pero podemos concluir sobre las prioridades en general. Elí fue un sacerdote asombroso en muchos sentidos. Sin embargo, ésta era su carrera, no su función principal en la vida. Aunque los beneficios de su labor como mentor de Samual fueron enormes para el reino de Dios, a Él no le agradó que descuidara lo que debería haber sido una prioridad mayor: su familia.

Durante los primeros dos años de mi relación con el que ahora es mis esposo, Nick trabajaba en Enterprise Rent-A-Car. Era el tipo que te recogía. Lo que significa que también era el tipo que escuchaba tus conversaciones en tu celular. A menudo me contaba que estaba charlando agradablemente con alguien que parecía de lo más simpático... y entonces llamaba el cónyuge. Su tono optimista y parlanchín se convertía en un ronco: *"¿Sí?... ¿Qué?... Bueno, ¿podrías ocuparte de eso?... Vale [exasperado]... Claro..."* y tal vez un confuso *"te quiero"* que sonaba más como un gruñido. Mientras que con Nick, el perfecto desconocido con el que el cliente sólo necesitaba interactuar unos minutos, los clientes se mostraban encantadores y educados, el supuesto amor de sus vidas recibía rudos disgustos.

No creo que los esposos y las esposas tomen la decisión deliberada de ser amables con todo el mundo menos con su cónyuge. Más bien creo que la vida como camaleón es agotadora. Si estoy empleando toda mi energía en ser agradable y adorable con todas las personas que veo durante todo el día, le daré a mi marido lo que me sobre. Actuar es un trabajo. Incluso los actores se toman

un descanso de sus personajes y se toman unas horas libres. Si nuestra personalidad es una actuación, alguien verá al verdadero tú cuando estés demasiado cansado para la fachada.

Mira las siguientes Escrituras y compara cómo te está yendo en estas áreas con tu esposo, o con quienquiera que sea tu relación primordial en segundo lugar después de Dios, y con todos los demás con quienes entras en contacto en un día cualquiera.

	Relación principal:	**Todos los demás:**
Proverbios 12:18		
Efesios 4:29-32		
Santiago 1:19		
1 Tesalonicenses 5:11		
Filipenses 2:3		

¿Estás complaciendo a completos desconocidos a costa de complacer a tus seres más cercanos?

¿Qué conclusiones puedes sacar de todo esto? ¿Cómo puedes honrar mejor tus prioridades espirituales?

_____

_____

_____

Día Siete: Revisión Semanal

Recita el versículo para memorizar.

¿Qué relación específica de tu vida se ha visto más afectada negativamente por complacer a la gente? ¿Qué puedes hacer para cambiar esta situación?

_____

_____

_____

Pensamiento positivo:

¿Cuáles son algunas de las cosas que sueles hacer para complacer a las personas que son más importantes para ti?

_____

_____

¿Cómo puede agradar a Dios esto?

_____

_____

Semana Siete:

Encontrando la Paz

Verso para memorizar:

"Yo les he dicho estas cosas para que en mí hallen paz. En este mundo afrontarán aflicciones, pero ¡anímense! Yo he vencido al mundo."zx

(Juan 16:33)

*   *   *   *   *

Día Uno: La Paz

Echemos un vistazo a un día típico en la vida de un complaciente.

Alison se sienta en la cama cuando el llanto de su hijo de un año la despierta una hora antes de que su alarma haya sonado. Cuando echa un vistazo al bulto que hay bajo las sábanas a su lado, ve que la respuesta de su marido al llanto ha sido taparse la cabeza con las sábanas y reanudar su plácido sueño mientras ella se ocupa de la situación que haya surgido. La sensación de resentimiento se apodera inmediatamente de su pecho mientras pone los ojos en blanco al ver el contorno del cuerpo de su esposo. Está claro que él le deja a ella el deber de la rutina matutina a pesar de que a ella le espera un sábado ridículamente ajetreado y él no tiene planes.

Suspira exasperada y se levanta de la cama. Mientras se echa la bata sobre los hombros, Kyle asoma la cabeza y murmura: *"¿Quieres que vaya a buscarlo?"*.

"No, está bien", susurra Alison mientras sale de la habitación. Cuando entra en la habitación del bebé, se da cuenta al instante de que su hijo tiene el ojo izquierdo incrustado y está al borde de la cuna llorando. "Genial, conjuntivitis", suspira mientras lo coge en brazos. Su plan de llevarlo a casa de su hermana se ha desvanecido. Alison sabe que hoy tendrá que pedirle a Kyle que se quede en casa con Connor. Primero tendrá que llevarlo a urgencias para que le den antibióticos y luego hacer los mandados para preparar la despedida de soltera de su amiga Sue.

Alison sienta a Connor en su sillita frente al televisor con un plato de cereal mientras se prepara. Recuerda un artículo que leyó sobre una madre que no dejó que su hijo viera la tele hasta los dos años por sus efectos en el desarrollo cognitivo. Probablemente podría enumerar diez cosas al día que sabe que otras madres hacen mejor. Probablemente también debería dejar de leer todos los blogs de madres que presumen de que sus hijos de dieciocho meses recitan el alfabeto.

Mientras prepara la bolsa de los pañales de Connor, suena su celular. *"Alison, hola, soy Mary. No voy a poder ir a la despedida de soltera hoy"*.

"Oh, um, OK," responde Alison, un poco anonadada de que la única persona a la que le ha pedido ayuda ahora la está abandonando. "¿Necesitas que te recoja el pastel?".

Mary se precipita en una letanía de razones por las que su semana ha sido tan ajetreada que no ha tenido tiempo de encargar el pastel como había prometido. Alison escucha pacientemente -o al menos en silencio mientras pasea por la habitación con Connor llorando mientras se frota el ojo infectado- hasta que Mary termina de hablar. "Vale, está bien", suspira. "Yo me encargo. Gracias".

Mientras saca a Connor por la puerta hacia el coche, piensa: *"¿Por qué le estoy dando las gracias? Por eso no le pido a la gente que haga cosas. Acabo teniendo que hacerlas yo"*.

145

Sentada en la sala de espera del servicio de urgencias, ve una llamada perdida de su marido. Le devuelve la llamada y le pide disculpas por haberse ido sin avisarle y por tener que pedirle que se quede con el bebé durante todo el día.

"¿Estarás en casa a las seis para que pueda ir a ver el partido a casa de Steve?", le pregunta.

"Haré lo que pueda", contesta ella, aunque la despedida termina a las cinco y media. Solo tendrá que limpiar todo rápidamente.

Al entrar en casa, ve a Kyle encorvado sobre la mesa del comedor examinando el extracto de su tarjeta de crédito. "¿Qué es esto?", le pregunta mientras se lo muestra. Se le encoge el corazón al recordar que gastó un poco más de lo acordado para redecorar la sala, el mes pasado. También ha pagado la comida y la decoración de la fiesta de hoy. Promete a su esposo que pedirá contribución de los demás y que tiene algunos artículos que puede devolver. Él no parece convencido.

Después de terminar muchos mandados, Alison llega al salón para la despedida de soltera de Sue veinte minutos tarde y completamente agotada. Muestra una enorme sonrisa al entrar y piropea el vestido de la madre de Sue, se disculpa por llegar tarde y empieza a poner manteles en las mesas. La madre de Sue hace varios comentarios sobre los cambios que cree que serían mejor en la forma en que Alison está organizando las cosas, y Alison los acepta todos.

Los amigos de Sue empiezan a llegar. Alison les saluda a todas con una sonrisa y un halago. Una mujer se acerca a Alison y le da un gran abrazo. "¡Qué alegría verte!" exclama Alison, rompiéndose la cabeza para recordar quién es esa persona. Conversan durante unos minutos hasta que queda claro que se trata de la hermana de Sue, a la que conoció el año anterior. Alison y JoAnn, la amiga de la iglesia de Sue, las interrumpen y comentan lo felices que parecen Sue y su prometido.

"Otra pareja perfecta como Kyle y tú", añade Joann sonriendo a Alison, que le devuelve la sonrisa. *"¿Irán al estudio bíblico para parejas este viernes?"*

"Veré si podemos ir. Espero que sí!" responde Alison alegremente, aunque había planeado terminar de remodelar su sala el fin de semana siguiente. No le apetecía sentarse para hablar de habilidades de comunicación o de lo que fuera el tema, de todos modos teniendo en cuenta que las suyas y las de Kyle eran tan terribles últimamente.

"Entonces, ¿vas a empezar a ir a clases de Pilates con nosotras? Es genial para perder el peso del bebé", pregunta otra amiga con un guiño mientras se une a la conversación.

Alison se ríe amablemente mientras se siente cohibida. Sabe que ha subido de peso más de lo que debería con Connor y siempre ha envidiado la esbelta figura de su amiga. Encuentra una excusa para escaparse y terminar sus tareas de anfitriona.

De camino a casa, la hermana de Alison llama para preguntarle por su día. Alison se desahoga con ella sobre Kyle y sobre el comentario de su amiga sobre su peso. Cuando se da cuenta de que ya son más de las seis, pisa el acelerador con ansiedad y espera llegar a todos los semáforos en verde. Las sirenas detrás de ella la sobresaltan e involuntariamente comienzan las lágrimas. "Vaya día," piensa.

El agente de policía se acerca a su ventanilla y Alison le dice, mientras le entrega su licencia de conducir y la documentación, que tiene que apresurarse porque su hijo está enfermo, lo cual, se dice a sí misma, es totalmente cierto. El agente le permite marcharse con solo una advertencia escrita y, cuando se pierde de vista, Alison acelera hasta su casa.

Imagínate cómo hubiera transcurrido el día de Alison si su prioridad hubiera sido agradar a Dios en lugar de agradar a los demás. Veamos algunas posibles diferencias:

- El viernes por la noche expresa a tu esposo su deseo de que se levante con el bebé por la mañana porque tiene un día ajetreado. Él se muestra reticente porque quiere dormir hasta tarde, pero ella confía en que su petición es razonable y, tras una breve discusión, acepta.
- Ella ha delegado muchas de las responsabilidades de la fiesta a otras personas, así que cuando descubre que su hijo tiene conjuntivitis se ofrece a ayudar a su esposo durante un rato. Hace algunas llamadas telefónicas para asegurarse de que todo está arreglado. Su esposo agradece la ayuda y ella no se siente resentida. Sale de casa sintiéndose conectada con su esposo y deseando verlo al final del día.
- Recibe la llamada de Mary, que le dice que se le olvidó ordenar el pastel. Amablemente, primero le pregunta a su amiga qué ha pasado, lo que da pie a una conversación sobre la difícil semana que está pasando. Alison se solidariza, pero le hace saber a Mary que esto la ha puesto en un aprieto. Le pregunta si aún puede encargarse de llamar para encargar el pastel. Ella acepta hacerlo y le da las gracias a Alison.
- Termina sus mandados y llega a la fiesta temprano, lo que le da la oportunidad de mantener una conversación significativa con una de sus amigas. Se da cuenta de lo bien que está una amiga suya después de perder peso, se alegra por ella y decide pedirle algunos consejos más tarde. El hecho de no pensar en sí misma, se centra en la futura novia y se alegra de verdad por Sue.
- En respuesta a la pregunta de JoAnn sobre el estudio bíblico de los viernes por la noche, Alison responde que no está segura de poder asistir. JoAnn le hace algunas preguntas y, aunque Alison se siente un poco a la defensiva, responde honestamente. JoAnn le pregunta si ella y Kyle realmente quieren asistir y simplemente están demasiado ocupados y Alison le cuenta que la idea de hablar de su matrimonio delante de otras personas la incómoda. Deciden hablar por teléfono más tarde y JoAnn se ofrece a ayudarla con las remodelaciones planeadas para ese fin de semana.
- El comentario insensible se sigue haciendo al final de la fiesta. Alison espera a que los demás invitados se vayan y le pregunta a su amiga si pueden hablar en privado. Le cuenta que se siente insegura por su peso y que el comentario la ha herido. Su amiga se disculpa. Se abrazan y se despiden, y Alison no vuelve a hablar ni a pensar del comentario.
- De camino a casa ora, dando gracias a Dios por haber pasado un día divertido con sus amigas y por tener un esposo maravilloso que cuida de su hijo.

¿Con cuál de las acciones de Alison en el primer escenario te identificas más?

¿Te parece la segunda historia demasiado buena para ser verdad? ¿Cuáles de las acciones de Alison en este escenario te resultan difíciles de imaginar?

_____

_____

Observa que en la segunda sinopsis ocurren algunos conflictos menores, pero a lo largo de su día Alison tiene paz interior, aun cuando algunas cosas van mal. No sólo se ahorra cien dólares por no recibir una multa por exceso de velocidad, sino que también puede dormir tranquila tras un día sin remordimientos. A menudo, los que tienen "paz" exterior, en el sentido de que no hay roces ni conversaciones incómodas, viven con una agitación interior constante. Mañana analizaremos la paz interior que Jesús promete a sus seguidores.

¿Cómo te ha robado la paz interior al ser complaciente a la gente y no a Dios?

_____

_____

_____

Día Dos: La Paz interior

> "La paz les dejo; mi paz les doy. Yo no se la doy a ustedes como la da el mundo. No se angustien ni se acobarden"
>
> ~ Juan 14:27

La palabra utilizada habitualmente en el Antiguo Testamento para "paz" es *salom*: integridad, plenitud, estar a gusto internamente y externamente.

Jesús dice: "***Dichosos los que trabajan por la paz, porque serán llamados hijos de Dios***." (Mateo 5:9). Sé que ya soy hija de Dios, pero este versículo crea en mí la impresión de ser como Dios, como cuando alguien me dice: "***Pues tú eres hija de tu padre***", porque estoy haciendo algo parecido a su naturaleza. ¿Cómo crea Dios la paz?

_____

_____

¿Cuáles son algunas de las cosas que Jesús hace en los evangelios para llevar la paz a los demás y entre los grupos?

_____

_____

A la inversa, ¿cuáles son algunas de las cosas que Jesús hace que perturban la paz y traen conflictos?

_____

_____

Lee Mateo 10:34. ¿Por qué dice Jesús que ha traído la espada?

_____

_____

En última instancia, el objetivo de Jesús era la paz en forma de reconciliación espiritual. Deseaba restaurar la armonía entre Dios y la humanidad. Sin embargo, los pasos necesarios para producir esta paz implicaban mucho conflicto. Cuando te uniste a su ejército espiritual, Jesús te la entregó aunque la querías o no. Intentar evitar todo conflicto puede compararse con coger esa espada e intentar tragársela. Algunos magos han dominado el arte de tragarse la espada, pero muchos otros han muerto en el intento. Tendría mucho más sentido rendirse al plan de Dios y aprender a usar la espada como Jesús la concibió.

La idea actual de paz que tiene la sociedad implica aceptación absoluta y morderse la lengua. La verdadera paz requiere honestidad y conflicto. Nos preocupamos mucho por estar en paz con los que nos rodean y no lo suficiente por ayudar a los demás a encontrar la paz con Dios.

En el Nuevo Testamento, la palabra más usada para paz es eirēne que significa, entre otras definiciones, "*el estado tranquilo de un alma segura de su salvación por Cristo, y por lo tanto sin temer nada de Dios y contenta con su suerte terrenal, de cualquier clase que sea el estado bendito de los hombres devotos y rectos después de la muerte.*" Esta palabra se utiliza 86 veces en el Nuevo Testamento. Es un fruto del Espíritu (Gálatas 5:22), describe a Jesús y a Dios (Efesios 2:14 y 2 Tesalonicenses 3:16), y es lo que Jesús ofrece a aquellos cuyos pecados perdona (Lucas 8:48). Si Jesús nos ha concedido esta paz a través de una relación con Él, no debemos permitir que las presiones del juicio de la humanidad la empañen.

¿Cuáles son algunas de las formas en que cambiamos esta paz por inquietud? Para cada uno de estos ladrones de la paz he contrapuesto una Escritura que indica cómo podemos recuperar la paz que Dios quiere. Escribe cómo puede Dios darnos la paz según los siguientes pasajes.

1. Vivir para el pecado en lugar de la justicia.
Romanos 8:6

_____
_____
_____

2. Permitir que el rechazo de los demás afecte nuestra autoestima.
Mateo 10:13

_____
_____
_____

3. Estar preocupados por lo que los demás pensarán de nosotros.
Filipenses 4:4-9

_____
_____
_____

Día Tres: El Propósito de la Culpa

"Culpabilidad: Castigarte antes aunque Dios no lo hace"

~ Alan Cohen

Menciona tres recientes cosas -por pequeñas que sean- por las que recuerdes haberte sentido culpable y que no hayan sido pecado.

_____

_____

Necesitamos reconocer la diferencia entre el sentimiento de culpa y la realidad de nuestra condición espiritual.. Dios te ve como viviendo en un estado de culpa separado de Él o como inocente. Nuestra culpa emocional usualmente viene de otras fuentes. A menudo nuestra culpa no proviene de nuestra conciencia, sino de nuestras inseguridades basadas en comparaciones con otras personas o incluso con la "mujer ideal" que hemos creado en nuestra mente y que creemos que deberíamos ser. En el libro *Secure in Heart* (*Corazón Seguro*), Robin Weidner afirma: "**El perfeccionismo tiene sus raíces en el miedo al juicio**".[xlix] Cuando sentimos que debemos rendir a la perfección en todas las áreas, nos sentiremos continuamente culpables y juzgadas cuando nos quedemos cortas. Sentimos culpa por muchas razones, pero ¿cuánta de ella está arraigada simplemente en nuestro deseo de agradar siempre a los demás? ¿Podrías eliminar la mitad de la culpa que sientes a diario con sólo tomar la decisión de no cargar con las opiniones de los que te rodean? Según una encuesta reciente:

Más del 96% de las mujeres se sienten culpables al menos una vez al día, y casi la mitad de ellas hasta cuatro veces. Apodada la generación CAT (culpable todo el tiempo), el estudio descubrió que las mujeres se martirizan a diario por cuestiones relacionadas con sus amistades, sus relaciones, su trabajo y la forma de su cuerpo. También se descubrió que a casi la mitad de las encuestadas la culpa les quitaba el sueño, y que tres cuartas partes afirmaban haber experimentado más culpa desde que se convirtieron en madres.[l]

Lee Jeremías 8:11-12, Ezequiel 43:10-11 y Sofonías 2:1 y 3:5. ¿Cuál es el propósito de la culpa? ¿Por qué la creó Dios?

_____

_____

Lee 2 Corintios 7:10 y Hechos 3:19. ¿A qué debería conducir?

_____

La culpa es una emoción dada por Dios que debería sernos útil para restaurar la verdadera paz con Dios. Sin embargo, al igual que con muchas cosas buenas que Dios creó, Satanás a menudo toma esta emoción y la retuerce en algo dañino. La culpa sana conduce al arrepentimiento y a la restauración. La culpa que nos hace sentir atrapadas, esclavizadas, acusadas y condenadas es de Satanás.

También nos sentimos culpables cuando creemos que podríamos haber evitado las acciones, reacciones o decisiones de otra persona. Uno de los conceptos clave del libro *Boundaries*, de Cloud y Townsend, es que somos responsables ante los demás, no responsables de ellos.[li] Tenemos que responsabilizarnos de nuestros actos en el sentido de que podemos hacer daño a los demás, pero no somos responsables de cómo responda la otra persona.

Lee Ezequiel 18. ¿Por qué debería ser esto reconfortante para un complaciente que asume demasiada responsabilidad por los demás?

_____

_____

Todos nos quedaremos cortos de vivir la voluntad de Dios diariamente el resto de nuestras vidas. ¿Qué diferencia hay entre la persona que puede aceptar la gracia de Dios y sigue viviendo con alegría comparada con la persona que está plagada de remordimientos? Parte de esto puede ser debido a nuestro poco entendimiento de la naturaleza de Dios, pero parte de la presión por la perfección también puede venir de una preocupación por las opiniones de los demás.

Piensa en algún hábito de rectitud que has tratado de desarrollar, pero que has fallado. Escribe tu lista de motivaciones para desarrollar ese hábito.

_____

_____

_____

Circula las respuestas que se basan en las expectativas, las reacciones o los intereses de los demás. Sentirse impulsado por ellas suele reflejar una motivación de amor. Por ejemplo, quiero tomarme en serio mi papel de liderazgo espiritual en diferentes aspectos de mi vida y ofrecer un ejemplo positivo de cómo vivir los mandamientos de la Biblia. Sin embargo, si soy sincera conmigo misma, a veces también me motiva el deseo de afirmación, ya que los que me rodean ven que "***estoy haciendo un buen trabajo***". Motivos impuros como estos conducen a una culpa innecesaria. Cuando nos preocupamos sólo de que nuestras acciones agraden a Dios, no importan los resultados de las acciones. Cuando mis motivos son más puros de lo normal y estoy haciendo todo lo que puedo para compartir mi fe con los demás pero nadie está abierto, no me siento culpable porque sé que Dios ve mis esfuerzos, me ofrece misericordia donde me quedo corto en esfuerzo o motivos, y no me echa en cara las respuestas de los demás. Cuando mis motivaciones se basan en las personas, quiero resultados como prueba de que estoy siendo un buen cristiano.

Nunca tendremos motivos puros al cien por ciento; simplemente no somos Jesús. Sin embargo, podemos esforzarnos por purificar nuestros corazones, examinar nuestros motivos con regularidad y acudir a las Escrituras para transformar nuestros corazones y mentes en una versión cada vez más pura de nosotras mismas. Cuando nos centramos únicamente en el juicio de Dios sobre nuestras acciones y no en el de la gente, podemos reconocer fácilmente si nuestra culpa es válida o injustificada.

Algunos psicólogos hacen una distinción entre culpa y vergüenza: la culpa se siente por la acción y la vergüenza se siente por nosotros mismos. Vergüenza es cuando nos miramos a nosotros mismos y pensamos: "***No puedo creer que este sea el tipo de persona que soy.***" Cuando así es como nos vemos a nosotros mismos, obviamente no queremos revelar nuestro verdadero yo a los demás. Dios nos dio la Iglesia para que no tengamos que sufrir solas nuestra vergüenza. Las mujeres de todo el mundo hacen frente a la carga de la culpa - legítima o imaginaria - comiendo en exceso solas, purgandose solas, bebiendo y abusando de las drogas solas, automutilación o recurriendo a numerosos métodos de escape que no quieren admitir por miedo.

¿Tienes tendencia a sentir culpa o vergüenza? ¿Puede separar sus acciones erróneas de su valía como persona?

_____

_____

¿Qué culpa arrastras de tu pasado? ¿Es real o imaginaria? ¿Has confesado esto alguna vez a alguien?

_____

_____

_____

Día Cuatro: A la Defensiva

> " El pecado que más destruye tu vida ahora mismo es el que más defiendes"
>
> ~ Timothy Keller
>
> "Los pensadores defensivos se defienden mejor evitando saber quiénes son."
>
> ~ Eugene J. Martin

¿Alguna vez te has sentido culpable de algo mientras hablabas y empezaste a justificarlo ante quien te escuchaba? ¿Has estado alguna vez en una conversación en la que otra persona parece pensar mal de ti o de tus acciones más de lo que tú crees que está justificado, y apenas puedes contener las ganas de explicarte? Eso es estar a la defensiva.

Cuando la culpa proviene de no cumplir las expectativas de los demás en lugar de las expectativas de Dios, andamos por ahí sintiéndonos acusados por todos. Piensa en los distintos papeles que desempeñas en la vida de los demás. ¿Cuáles son algunas de las expectativas que los demás tienen de ti?

_____

_____

Proverbios 28:1 dice que el culpable huye aunque nadie lo persiga. Este versículo parece referirse a quienes son realmente culpables de haber cometido una fechoría, pero lo mismo puede decirse de quienes son emocionalmente culpables aunque sean inocentes ante Dios. Cuando ando por ahí sintiéndome acusada, me encuentro defendiendo mentalmente mis acciones antes de que nadie me haya dicho ni una palabra.

He aquí algunos ejemplos del tipo de actitud defensiva a la que me refiero:

- No fuiste a la iglesia y esa tarde recibes un texto que dice: "Hola, no te vi hoy en la iglesia. ¿Todo bien? Hablemos pronto". En tu cabeza se lee (en el tono más acusador posible): "Hey, pecadora. No viniste a la iglesia. Tenemos que hablar para reprenderte al respecto". Si interpretaras el mensaje como una muestra de interés cariñoso, podrías responder con un mensaje que comunicara tu gratitud por el hecho de que alguien pensara en ti e incluso con una pregunta sobre su vida. En lugar de eso, respondes con una larga explicación que justifica por qué era perfectamente razonable que tuvieras que faltar a la iglesia. Ella recibe tu mensaje y puede oír el tono implícito de: "No te metas en lo que no te importa".
- Llegas unos minutos tarde para reunirte con un grupo de amigas y empiezas a practicar mentalmente tu lista de excusas durante todo el camino por si alguien te pregunta. En realidad, deseas encontrarte con tráfico o muchos semáforos en rojo, aunque esto te haga llegar aún más tarde, para que tengas una excusa legítima que dar.
- Durante un momento convincente de una lección en la iglesia, tu esposo se voltea y te mira a los ojos. Tú piensas enfadada: "¿A qué viene esa mirada?", y te pasas el resto del sermón repasando mentalmente una lista de sus defectos.

- No has recibido respuesta de una amiga después de dejarle un mensaje sobre algo que temías que no le gustara oír. Esa noche te pasas una hora en vela imaginando la conversación que mantendrías con ella la próxima vez que la veas. En tu mente ella dice algo acusador, y tú te justificas con un larguísimo discurso de explicaciones. En tu escenario te imaginas que ambos discuten largo y tendido y que tú eres el vencedor indiscutible.

¿Qué tan cariñosa va a ser tu próxima interacción después de tener una pelea ficticia en tu mente con una amiga que no tiene ninguna idea de lo que estás sintiendo? ¿Qué tan cálido te vas a sentir hacia ella? Y ella no tiene ni idea de por qué.

¿Cómo afecta nuestras relaciones si percibimos que los demás nos critican?

_____

_____

¿Qué palabras o acciones tiendes a interpretar como una acusación?

_____

_____

La actitud defensiva se produce cuando nuestra conciencia está distorsionada: nos molesta cuando percibimos que alguien está disgustada en lugar de molestarnos si Dios está disgustado. Podemos interpretar una expresión facial como una condena. Leemos entre líneas de comentarios inocentes y concluimos que los demás no están contentos con nosotros. Detectamos falta de sinceridad o sarcasmo en comentarios inocuas. Cuando siento que no he estado a la altura de las expectativas de alguien, puedo proyectar mis sentimientos en esa persona. Aunque la otra persona no haya manifestado de ninguna manera su desaprobación o enfado, puedo enfadarme mientras preparo mi defensa en mi mente.

Uno de los primeros pasos para combatir la actitud defensiva es construir la convicción de que no estás en un perpetuo estado de culpa. Sólo Dios puede determinar si eres culpable o inocente, y Él envió a Jesús a morir por ti para que fueras intachable y puro" (Filipenses 2:15).

En el libro *Choosing Clarity: The Path to Fearlessness*, Kimberly Giles explica cómo la confianza ayuda a superar la defensividad:

No necesitas defenderte porque no puedes ser disminuida. Debes comprender que ser defensiva no te protege. En realidad te hace sentir más insegura [emocionalmente]. Al protegerte estás abrazando la idea de que te pueden hacer daño y esto sólo creará más miedo en tu vida. Si abrazas el miedo y el juicio, estás eligiendo vivir en el miedo y el juicio. Si eliges dejar a un lado la necesidad de protegerte y defenderte y bajas tus defensas porque entiendes que no te pueden hacer daño, en realidad te sentirás más segura. Cuando eliges sentirte a prueba de balas, infinita y absoluta todo el tiempo, estar a la defensiva nunca es necesario.[lii]

Cuando confiamos en nuestra inocencia ante Dios, ningún ataque puede herirnos. No necesitamos prepararnos para la guerra porque sabemos que Dios está de nuestro lado.

Lee Zacarías 3:1 y Apocalipsis 12:10. ¿De qué manera la actitud defensiva es un resultado de los ataques de Satanás?

_____

_____

En segundo lugar, nuestra conciencia debe estar alineada con el Espíritu Santo. Cuando nuestras conciencias son débiles o demasiado sensibles, nos dejamos llevar por las opiniones y reacciones de los demás. Cuando nuestras conciencias están endurecidas, no reconocemos nuestro propio pecado y seguimos sin agradar a Dios. A menudo, cuando nos sentimos juzgados por la opinión de los demás, es porque somos incapaces de determinar en nuestra propia mente, con la ayuda de nuestra propia conciencia, si nuestro comportamiento es verdaderamente piadoso o si nuestros motivos son puros. En el pasado, otros han cuestionado mis acciones, pero me sentía segura de haber sido malinterpretada y de estar libre de culpa ante Dios. Esta confianza me llevó a ser capaz de conversar abiertamente con la persona y explicarme. Ofrecer una explicación o completar detalles desconocidos no es estar a la defensiva. Si nos acusan falsamente, ¡debemos defendernos! En otras conversaciones en las que temía parecer orgullosa o testaruda, he guardado silencio con humildad exterior, pero por dentro ardía de indignación.

También he tenido situaciones en que otras personas me han señalado mi pecado o fallo, y he reconocido que su opinión era correcta. Sin embargo, no hay razón para sentirse juzgado. La tristeza piadosa que conduce al arrepentimiento no deja remordimientos ni condena persistente. Mi conciencia podría volver a estar tranquila.

¿Cómo reaccionas cuando señala equivocadamente o injustamente tu pecado o un fallo?

_____

_____

¿Cómo reaccionas cuando alguien te señala correctamente lo que has hecho mal?

_____

_____

_____

¿Cuán confiada te sientes en utilizar tu conciencia y el Espíritu Santo para determinar la diferencia?

¿Hasta qué punto estás dispuesta a aceptar la posibilidad de que una acusación sea cierta aunque al principio estuvieras convencida de lo contrario?

La clave de todas estas situaciones es la humildad que surge de no proteger tu propia imagen a expensas de tu crecimiento espiritual. Cuando alguien cuestiona la rectitud de tus acciones, hay dos posibilidades: tienen razón y has pecado, o están equivocados y no eres culpable. Así que escúchales, revisa tu conciencia, ten una conversación, sé abierto de mente y humilde, y resuélvelo.

En la siguiente sección hablaremos del papel que desempeña nuestra conciencia cuando nos juzga. Aquí es donde debe comenzar el verdadero juicio de nuestras acciones: con una conciencia pura y sin mancha que Dios nos ha dado. Cuando nos saltamos el paso de permitir que nuestra propia conciencia nos juzgue y pasamos a evaluar el juicio de los demás sobre nosotros, saltamos a una postura defensiva.

Día Cinco: La Conciencia

La conciencia es una brújula confiable cuando la Palabra de Dios es tu verdadero norte.

~ Anónimo

Lee Lucas 23:1-25. ¿Qué le decía la conciencia a Pilato?

Pilato nos sirve como advertencia de las consecuencias de ser complaciente con la gente. Teniendo a Jesús delante de él y a Dios tratando de comunicarse con él a través de su esposa, decidió permitir que las voces del pueblo prevalecieran sobre la voz de Dios. No escuchó a su conciencia, sino al consenso común. Pilato no es el único. Muchas personas utilizan la opinión pública o las opiniones de su familia, iglesia o círculo social como su conciencia. La gente que les rodea establece su norma moral, y se dedican a apaciguar las conciencias de los demás en nombre del amor y la amistad, el ánimo y el apoyo.

Dios nos ha dado a cada uno una conciencia, pero eso no significa que siempre funcione correctamente. Necesita ser moldeada por la Palabra de Dios y ser escuchada atentamente.

El Comentario de Matthew Henry afirma: "***La conciencia puede estar iluminada o no; y su uso puede estar muy pervertido por opiniones falsas. Su providencia no es comunicar ninguna verdad nueva, es simplemente expresar un juicio, e impartir placer o causar dolor por la propia conducta buena o mala de un hombre.***"[liii] El hecho de que Dios lo vea todo debería asustar a los desobedientes y consolar a los obedientes, pero parece que a menudo ocurre lo contrario. Los que están verdaderamente en sintonía con la santidad de Dios ven continuamente su pecaminosidad en comparación, mientras que los que se comparan con los estándares del mundo se sienten reconfortados por cada ejemplo de intención pura. Tendemos a caer en la categoría de tener una conciencia endurecida o una conciencia demasiado sensible.

En tiempos de Jesús, los maestros de la ley son un ejemplo de los que habían perdido el contacto con la conciencia que Dios les había dado. Después que Jesús cuenta la parábola del administrador astuto a sus discípulos y les advierte contra la idolatría de la riqueza, "[l]os fariseos, que amaban el dinero, oyeron todo esto y se burlaban de Jesús" (Lucas 16:14). Se burlaban de la enseñanza porque creían que era posible amar a Dios y al dinero, teniendo en cuenta que ellos perseguían el dinero y se consideraban más cercanos a Dios que nadie. Jesús les responde: "Ustedes se justifican ante la gente, pero Dios conoce sus corazones"(v. 15). Jesús sabía que no les remordía la conciencia porque basaban su opinión de sí mismos en su posición ante la gente que les rodeaba. Mientras los demás pensaran que eran buenos, se sentían bien.

Vincent Van Gogh dijo una vez: "***La conciencia es la brújula del hombre***". Una fuente anónima hizo cita en contexto bíblico: "***La conciencia es una brújula fiable cuando la Palabra de Dios es tu verdadero norte.***" Como cualquier instrumento, nuestra conciencia debe calibrarse con el patrón correcto. Calibrar significa "*correlacionar las indicaciones de (un instrumento) con las de un estándar para comprobar la exactitud del instrumento*".

Imagina que el odómetro de tu vehículo está roto. ¿Cómo determinarías si estás violando las leyes con respecto a tu velocidad? Podrías compararte con los demás conductores que te rodean. ¿Cómo te fallaría esto?

_____

_____

Podrías suponer que si no te detiene ningún agente de la ley, entonces no debes estar haciendo nada malo. ¿Cuál es el fallo de esta lógica?

_____

_____

O puedes asegurarte de conducir tan despacio que no haya posibilidad de violar la ley. ¿En qué se parece esto a tener una conciencia excesivamente sensible?

_____

_____

Quienes lean este libro, probablemente pertenezcan a la última categoría. Cuando intento aumentar mi confianza en la gracia de Dios y trato de ignorar mi conciencia sensible, a menudo temo ser menos obediente a Dios. Debemos ver los efectos negativos de una conciencia muy sensible. A menudo puedo sentirme agobiada por la culpa, aunque según lo que leo en la Palabra de Dios, Él no me considera culpable.

Lee Mateo 21:22. Cuando te sientes culpable y condenada por Dios, ¿cómo afecta esto tus oraciones?

_____

_____

Mi culpabilidad afecta directamente mi fe en el poder de Dios. Mi inseguridad y mis dudas sobre mí mismo distorsionan y dominan mi visión de Dios. Puedo lamentar que mi conciencia excesivamente sensible me abrume y absorba la alegría de mi vida, pero también perjudica a los demás. Cuando estoy tan preocupada por si estoy o no haciendo un buen trabajo como pastora, maestra o amiga, no me centro en el poder de Dios y en lo que Él es capaz de hacer.

Lee 1 Juan 3:16-24. Este es un estado del corazón que muchas personas no pueden comprender. ¿Cuáles son algunas de las formas en que este pasaje nos dice que podemos determinar si "**pertenecemos a la verdad**"?

_____

_____

Escribe algunos ejemplos de tu obediencia a los mandamientos de Dios y haz hecho lo que le agrada (v. 22).

_____

_____

Juan nos dice que "Dios es mayor que nuestros corazones, y lo sabe todo" (v. 20). El recordatorio de que Dios lo sabe todo infundirá temor en el corazón de quienes tienen una conciencia muy sensible, pero en este contexto es un recordatorio de que Dios ha visto el amor que hemos compartido con los demás. Hebreos 6:10 nos dice: "***Dios no es injusto; no olvidará tu trabajo y el amor que le has mostrado al ayudar a su pueblo y seguir ayudándolo***". También nos recuerda que la obra de Dios es "***creer en el que él ha enviado***" (Juan 6:29). Poner toda nuestra confianza en Jesús y no en nuestras propias capacidades o rendimientos agrada a Dios.

¿En qué aspectos Dios es superior a todos nosotros? Piensa en algunos de los atributos que Dios posee a la perfección y que nosotros sólo nos esforzamos por alcanzar: misericordia, amor incondicional y paciencia infinita. ¿Cómo pueden estos aspectos de superioridad suprema de Dios darnos la confianza em maestro corazón de que no estamos condenados?

_____

_____

Necesitamos recalibrar nuestras conciencias para que se ajusten únicamente a la norma de Dios. Permitirnos la libertad de quebrantar la ley mientras nadie nos señale lo contrario nos llevará a la imprudencia y a alejarnos de la Palabra de Dios. Intentar vivir en la perfección, por miedo a que alguien encuentre alguna falta, nos llevará a perdernos el poder de tener confianza en Cristo.

Algunos eruditos creen que Pablo fue el primer escritor que se refirió a la conciencia en términos de corte judicial: como un testigo o juez independiente (pero desde lo interior) que examina y juzga nuestra conducta. Los complacientes ponen su destino en manos de jurados: grupos falibles de personas que determinan la culpabilidad o la inocencia. Como cristianos, debemos buscar el veredicto en Dios y confiar en su omnisciencia y su amor inquebrantable.

_____

Día Seis: La Confianza

"La forma en que el ser humano normal intenta llenar su vacío y lidiar con su malestar es comparándose con otras personas. Todo el tiempo."

~ Timothy Keller

¿En qué piensas cuando oyes la palabra "confianza"?

_____

_____

La definición primaria es: "*confianza plena; creencia en los poderes, la fiabilidad o la seriedad de una persona o cosa*". Como vimos ayer, sólo Dios merece nuestra plena confianza. Ni siquiera podemos confiar en nuestro propio corazón para que nos juzgue con exactitud.

Lee Eclesiastés 7:21-22. ¿Por qué no debemos considerar fiables las opiniones de los demás?

_____

_____

Muchas personas complacientes luchan con la falta de confianza en sí mismas porque se preocupan por lo que todos piensan de ellas o por si están disgustadas o decepcionadas con nosotros. La inseguridad proviene de tener nuestra confianza en lo que no es seguro, como las opiniones de los demás, nuestro aspecto físico o nuestras habilidades.

Cuando te encuentras con falta de confianza, ¿Que factores determinan esa falta?

_____

_____

¿Son indicadores confiables de valor propio?

_____

_____

Nuestra respuesta no es aumentar nuestro autoestima. En el libro, *The Freedom of Self-Forgiveness: The Path to True Christian Joy*", Timothy Keller sostiene que los que piensan demasiado bien o demasiado mal de sí mismos no han entendido el evangelio. La respuesta es pensar menos en nosotros mismos y más en Jesús. La mayoría de las referencias al yo en la Biblia nos ordenan a crucificarnos a nosotros mismos y permitir que el Espíritu reine en lugar de nuestro yo naturalmente pecaminoso. Keller escribe:

> C.S. Lewis, en Mere Christianity, hace una brillante observación sobre la humildad evangélica al final de su capítulo sobre el orgullo. Si conociéramos a una persona verdaderamente humilde, dice Lewis, nunca saldríamos de su encuentro pensando que es humilde. No estaría siempre diciéndonos que no es nadie (porque una persona que no deja de decir que no es nadie es una persona obsesionada consigo misma). Lo que recordaríamos al conocer a una persona verdaderamente humilde ante el Evangelio es lo mucho que parecía interesarse por nosotros. Porque la esencia de la humildad evangélica no es pensar más en mí mismo o pensar menos en mí mismo, sino pensar menos en mí mismo. La humildad evangélica es no necesitar pensar en mí mismo. No necesitar relacionar las cosas conmigo mismo. Es poner fin a pensamientos como: "Estoy en esta habitación con estas personas, ¿me hace quedar bien? ¿Quiero estar aquí? La verdadera humildad evangélica significa que dejo de relacionar cada experiencia, cada conversación, conmigo mismo. De hecho, dejo de pensar en mí mismo. La libertad del olvido de uno mismo. El descanso maravilloso que sólo trae el olvido de uno mismo.[liv]

La confianza no es la seguridad interior de que le agradas a todos o de que tendrás éxito en todo lo que emprendas. Eso es arrogancia. La confianza es despreocuparse de la aprobación de los demás porque entiendes que eres digno aunque fracases. La confianza comienza con la humildad. Una vez que entiendo que no soy nada sin Jesus, la presión de actuar se va.

A menudo se nos anima a "ser uno mismo". ¿Cómo puedo "ser yo mismo" si mi objetivo es gustarle a todo el mundo? Afortunadamente, cuando mi identidad está determinada por Dios, el "yo mismo" deja de ser una idea transitoria.

Lee Hebreos 10: 19-23. ¿Qué debería ayudarnos a mantener una confianza constante como cristianos?

___

___

Como hemos visto esta semana, la culpa destruye la confianza. Se supone que nuestra conciencia es precisa, alineada con el Espíritu Santo de Dios, que es como un juez imparcial que puede decir claramente "inocente" o "culpable", "correcto" o "incorrecto". A menudo estamos confusos. Es como vivir en un juicio constante con la fiscalía presentando cargos contra nosotras, la defensa ofreciendo pruebas de bondad. Es un ir y venir eterno sin un veredicto.

El juicio penal más largo y caro en la historia de Estados Unidos tuvo lugar entre 1984 y 1990. Los propietarios de una guardería, Ray y Peggy McMartin Buckey, fueron acusados de maltrato infantil por la madre de uno de los niños que cuidaban. Durante seis años estuvieron sentados en el tribunal -y en la cárcel- mientras se presentaban pruebas en su contra y a su favor. Para este caso se entrevistó a varios cientos de niños, lo que dio lugar a 360 presuntos casos de maltrato infantil. El problema fue que se decidió que las técnicas interrogativas para los niños fueran muy sugestivas y coercitivas. Ahora se cree que a muchos de los niños se les hizo creer cosas que no habían sucedido. Algunos de los niños identificaron a Chuck Norris como su agresor. Este caso realmente cambió la forma en que se llevan a cabo las entrevistas con niños pequeños en casos como este.

No tengo ni idea de si estas dos personas eran culpables o no. Pero quiero que se imaginen estar sentados en un tribunal día tras día durante seis años mientras la gente discute delante de ustedes si son o no culpables de crímenes atroces. Te vas a dormir por la noche en tu celda y sabes que el día siguiente consistirá en el mismo agotador debate. Suena como una tortura.

Y entonces un día, un juez dice que eres libre de irte. No más acusaciones, no más partidos de tenis de pruebas a favor y en contra. ¿Te levantarías a la mañana siguiente y volverías a la sala del tribunal? Parece una locura. Pero, ¿no es eso lo que nos hacemos a nosotros mismos?

Dios dice que no eres culpable; que eres inocente; que eres libre. Libre para vivir y no sentirte condenado y culpable y acusado cada día. No tienes que estar atrapado en el tribunal de tu mente yendo y viniendo interminablemente sobre si Dios te ha absuelto o no.

Lee el Salmo 91. Escribe todas las palabras o frases que te ayuden a visualizar la seguridad que viene de Dios.

___

___

___

___

Día Siete: Revisión Semanal

Recita el versículo para memorizar.

Jesús es, como siempre, el ejemplo de perfección en todas las áreas que hemos estudiado esta semana. Tenía plena confianza en sí mismo, no sentía necesidad de defenderse y nunca traicionó su conciencia. Encuentra una situación en los evangelios en la que Jesús experimentó los "problemas" del mundo, pero su paz interior es evidente a través de sus acciones o reacciones. ¿Cómo hubieras actuado en esa situación?

_____
_____

¿Cómo puedes hallar esta paz en tu vida?

_____
_____

Pensamiento positivo:

¿De qué manera tu naturaleza de complacer a la gente indica tu deseo de ser un reconciliador?

_____
_____

¿Cómo puedes utilizar este deseo para promover el tipo de paz que Jesús promete para ti y para los demás?

_____
_____
_____

Semana Ocho:

Complacer a Dios

Verso a memorizar:

Yo no busco la aprobación de los hombres, sino la aprobación de Dios. No busco quedar bien con los hombres. ¡Si yo quisiera quedar bien con los hombres, ya no sería un siervo de Cristo!

(Gálatas 1:10, DHG)

* * * * *

Dia Uno: Descúbrelo

> Por lo demás, hermanos, les rogamos, y les exhortamos en el Señor Jesús, que tal como han recibido de nosotros instrucciones acerca de la manera en que deben andar[a] y agradar a Dios, como de hecho ya andan, así abunden en ello más y más.
>
> ~ 1 Tesalonicenses 4:1

A lo largo de este libro hemos hablado de muchas cosas que desagradan a Dios. ¿Cuáles son algunas de las cosas que agradan a Dios?

_____

_____

Lee Efesios 5:8-10. Según este pasaje, ¿cuál es el fruto de vivir en la luz?

_____

_____

No son palabras muy concretas, ¿verdad? Los profesores no se limitan a decir a su clase el primer día que sean buenos; tienen normas. Nuestro sistema de justicia penal no se basa simplemente en que todo el mundo entienda la definición de "bondad" en los Estados Unidos. Pablo se dirige a una iglesia llena de cristianos que han elegido seguir a Jesús y han recibido la salvación (Efesios 2:3-4). Sin embargo, Pablo sigue urgiéndoles a "*averiguar qué es lo que agrada al Señor*", porque requiere un esfuerzo continuo. Cualquier relación requiere este proceso. Cuando me casé con mi esposo sabía muchas de las cosas que le agradarían, mientras que otras me han sorprendido a lo largo del camino. He aprendido las zonas de la casa que le importa más tener limpias que otras, las formas en que le gusta que lleve el pelo, de qué manera preguntarle sobre un tema delicado.

Durante años pensé que la galleta favorita de mi esposo era la de mantequilla de cacahuete. Le había horneado unas cuantas tandas de galletas de mantequilla de maní antes de que por fin se diera cuenta de que había algún malentendido. Me comunicó con delicadeza que, aunque le gusta ese tipo de galleta, su favorita es la de chocolate blanco y nueces de macadamia. Prefiero saber qué es lo que le gusta a alguien a quien quiero en lugar de intentar ser amable y cariñosa.

¡Tenemos tanta ventaja al tener acceso a una Biblia! Dios simplemente sale y nos dice sus cosas favoritas. No tenemos que ofrecerle algunos postres pasables; podemos ofrecerle lo que realmente le hace agua la boca.

Lee las siguientes Escrituras y escribe lo que le agrada a Dios de acuerdo con cada una.

1 Timoteo 2:1-4

Hebreos 13:15-16

Es posible tener un conocimiento claro de la perspectiva, los sentimientos, las opiniones y las normas de Dios, incluso sobre las cuestiones turbias de nuestros días. Es la sociedad la que suele hacer que se nublen, no la Biblia.

Se requiere un poco más que una simple búsqueda de las palabras "agradar a Dios" en Biblegateway.com (aunque es un gran comienzo) para tener una comprensión profunda del corazón de Dios. Si buscamos, el agrado y desagrado de Dios se puede ver desde el principio hasta el final de la Biblia.

Una vez leí el Antiguo Testamento con el objetivo de comprender qué es lo que agrada a Dios. Por cada capítulo que leía, escribía una frase en mi diario respondiendo a la pregunta: "¿Qué es lo que agrada a Dios? A veces, Dios es muy directo, como en los pasajes anteriores o en el sentido negativo de afirmar que no le agrada (Malaquías 1:10). A menudo, la respuesta es mucho más sutil. Algunos capítulos contienen tantos mandamientos (como en los libros de la Ley) que he tenido que resumir el sentimiento general. Por ejemplo, gran parte del Levítico podría resumirse en que a Dios le agrada que Su pueblo sea apartado y distinguido del resto del mundo.

En Hageo 1:8 Dios informa directamente a su pueblo de que se alegrará si reconstruyen su templo para que Él sea glorificado, en lugar de buscar agradarse a sí mismos, lo que no había llevado a ninguna parte (v. 6). El siguiente paso es preguntarnos: ¿qué podemos aprender al saber que esto agradó a Dios hace más de 2.500 años?

Esta semana, al completar este estudio, elije también un libro de la Biblia y responda a esta pregunta después de cada capítulo. Escribe tus reflexiones en el séptimo día de esta semana.

Cuando tenemos una comprensión sólida de lo que agrada y desagrada a Dios, podemos enfrentarnos con más confianza a las opiniones que nos rodean. Pensemos en Josías. A la edad de veintiséis años, redescubrió el Libro de la Ley en el templo, y su "*corazón fue receptivo*" a lo que leía (2 Reyes 22:19). La confianza que debió de necesitar para tomar las medidas que tomó a continuación es asombrosa.

Lee 2 Reyes 23:1-25. Escribe algunas de las acciones que Josías tomó en respuesta a lo que leyó en la Palabra de Dios.

¿Qué temores podrían haber impedido que Josías realizará la reforma completa del reino de Dios?

El problema de la inseguridad tiene muchas raíces, pero una que puede remediarse fácilmente es aclarar la confusión sobre lo que Dios desea. La falta de convicción conduce a la inseguridad, mientras que seguir la Palabra de Dios da la seguridad de saber que pase lo que pase, lo que hacemos agrada a Dios.

Pablo instruyó personalmente a los discípulos de Tesalónica "*cómo vivir para agradar a Dios*". En 1 Tesalonicenses 4:1 escribe: "*sigan progresando en el modo de vivir que agrada a Dios, tal como lo aprendieron de nosotros. De hecho, ya lo están practicando.*" Dondequiera que estés en tu relación con Dios puedes decidir descubrir lo que agrada a Dios y hacer esto más y más.

¿Cuál es un aspecto de tu vida en el que podrías tener más claridad sobre la perspectiva de Dios? ¿Qué temas podrías estudiar en las Escrituras para entender más claramente lo que sería agradable a Dios en esta área?

Día Dos: El Aroma Favorito de Dios

el Señor se complace en los que le temen, en los que confían en su gran amor.

~ Salmos 147:11

Si a Jesús le hubiera preocupado más lo que pensara la gente que lo que pensara Dios, ¿cómo habría cambiado su vida?

_____

_____

Lee Mateo 3:17. Dios le hace el máximo piropo a Jesús: que está contento con él. Imagínate esta escena. ¿Cómo suena la voz de Dios? ¿Qué habrías sentido si hubieras presenciado personalmente este acontecimiento?

_____

_____

¿Podríamos tener alguna aspiración más elevada en la vida que ser agradables a Dios? La Biblia nos dice que podemos conseguirlo. La palabra que se usa aquí (euaresteo: gratificar enteramente o agradar bien) es la misma palabra que se usa a menudo para describir cómo podemos dar placer a Dios como Sus hijos fieles. Piensa en una alegría que nos gratifica enteramente, una felicidad que todo lo consume, una experiencia que es el pináculo de la alegría. Me imagino la cara de un novio viendo a su novia caminar por el pasillo hacia él mientras lucha contra las lágrimas de alegría incontenible. Recuerdo la sensación de recibir a mis hijos segundos después de que llegaran al mundo y ver las caritas que había estado imaginando durante nueve meses.

Es emocionante darme cuenta de que puedo darle a Dios ese tipo de alegría.

La palabra " complacer " me hace pensar en una autoridad superior que me brinda una sonrisa y un gesto de aprobación. "Placer", en cambio, evoca connotaciones hedonistas, casi pecaminosas, de pleno deleite, de conseguir todo lo que se nos antoja. Quizá la palabra evoca ideas pecaminosas porque gran parte del placer que se busca en el mundo es pasajero e impío. La Biblia establece comparaciones entre los placeres que podemos entender y el placer de Dios en nosotros.

Lee el Salmo 141:2, 2 Corintios 2:15 y Filipenses 4:18. ¿Qué es lo que da placer

_____

_____

¿Qué placer humano se usa para describirlo?

Comprender el amor de Dios nos motiva. Cuando esta es nuestra motivación, nuestra obediencia no es legalista ni rutinaria. Cuando caminé por el pasillo hacia mi futuro esposo, no pensé: "*Bueno, déjame terminar con esto. Nick tiene muchas ganas de ver este vestido que me he comprado, así que supongo que debería ir a enseñárselo*". Me emocionaba pensar en su placer al verme acercarme a él. Cada día veo cómo mi hija me muestra con exuberancia todas sus pequeñas hazañas y me mira a la cara esperando mi aprobación. Queremos ser una fuente de placer para quienes amamos.

Pablo oró por los discípulos de la iglesia de Éfeso "*puedan comprender, junto con todos los creyentes, cuán ancho y largo, alto y profundo es el amor de Cristo. En fin, que conozcan ese amor que sobrepasa nuestro conocimiento, para que sean llenos de la plenitud de Dios.*" (Efesios 3:18-19). Pablo continúa con un "entonces": "*les ruego que vivan de una manera digna del llamamiento que han recibido*" (4:1-2). Pablo escribe prácticamente la misma frase en Colosenses 1:10, Filipenses 1:27 y 1 Tesalonicenses 2:12. La Biblia nos dice que realmente podemos vivir una vida digna de Dios.

Hebreos 11:38 elogia a los "*destituidos, perseguidos y maltratados*". ¿Cuáles son sus opuestos?

Esto describe a las personas que el mundo elogia. ¿Quieres que tu vida sea digna del mundo (que desaparecerá) o de Dios? ¿Qué crees que significa vivir una vida digna de la llamada de Dios?

La palabra utilizada aquí significa tener el peso de otra cosa de igual valor o valer lo mismo. Parece una contradicción que se nos diga que podemos ser dignos de Jesús (Mateo 10:37-38) y de la vida eterna (Hechos 13:46), pero que sepamos que la única persona que ha pisado la tierra y que tiene el mismo valor que Dios es Jesús (Apocalipsis 5:12). No nos hemos ganado la igualdad, pero Dios nos la dio de todos modos. Su sacrificio por nosotros nos dio la oportunidad de ser vistos de la misma manera. Ahora debemos vivir como si fuéramos dignos. Mi deseo para mí es sentirme seguro del placer que Dios siente por mí. Deseo lo mismo para todos ustedes. Cuando disfruto de la alegría de saber que el Creador de todo el universo está contento conmigo, no me pregunto si los demás también están contentos conmigo.

Piensa en alguien que traiga gran alegría a tu corazón. ¿Cuáles son las cosas que hace y que te producen ese placer?

¿Cómo puedes aplicar esto a lo que Dios siente por ti?

Día Tres: La Fe

Por eso también Jesús, para santificar al pueblo mediante su propia sangre, sufrió fuera de la puerta de la ciudad. Por lo tanto, salgamos a su encuentro fuera del campamento, llevando la deshonra que él llevó, pues aquí no tenemos una ciudad permanente, sino que buscamos la ciudad venidera.

~ Hebreos 13:12-14

¿Qué es la fe? Es la confianza plena en alguien o en algo. Hebreos 11:6 nos da una de las definiciones bíblicas. Escribe esto aquí:

_____

_____

Lee Hebreos 11:24-27. ¿Cuáles son los indicadores de que Moisés era fiel?

_____

_____

Moisés perseveró porque veía lo invisible. Tenía una conciencia constante de la presencia de Dios, y decidió vivir de una manera que complaciera a Dios.

La Biblia deja claro que, aunque Dios ama a todos los que ha creado, no todos le agradan necesariamente. Considera que las personas pueden vivir en las tinieblas o en la luz. Sólo la luz agrada a Dios. 1 Juan 1:5 nos dice: "Dios es luz; no hay tinieblas en él". Si decimos que tenemos comunión con él, pero andamos en tinieblas, mentimos y no vivimos de acuerdo con la verdad". El hecho de que Dios lo vea todo puede animarnos a veces o asustarnos.

Lee las siguientes Escrituras y escribe cómo la omnisciencia de Dios debería afectar a tu vida diaria.

2 Reyes 6:8-23

_____

_____

Salmo 33:13-18

_____

Salmos 139:7-12

_____

Ezequiel 11:5

___

___

Hebreos 4:12-13

___

___

¿Cómo puede ayudarnos a superar la complacencia con las personas el saber que nada es secreto para Dios?

___

___

Lo que más necesitamos es el consuelo de saber que Dios ve -y recompensa- todo lo que hacemos por Él cuando experimentamos las consecuencias negativas de nuestra rectitud. Desafortunadamente, la decisión de vivir en obediencia a Dios inevitablemente trae desgracia y maltrato, como le sucedió a Moisés. Lo vemos en la vida de Jesús, que fue considerado "*un gusano y no un hombre*" (Salmo 22:6).

Lea Hebreos 13:11-14. Aquí se hace una analogía entre los sacrificios redentores que se realizaban afuera del campamento por los judíos bajo el antiguo pacto y el sacrificio redentor de Jesús, que fue crucificado igualmente afuera de las puertas de Jerusalén. Un comentarista explica: "*En sentido figurado, los creyentes deben unirse a Él fuera del campamento del mundo, dejando de formar parte de sus sistemas y prácticas impías... El punto práctico es que, como cristianos, debemos estar dispuestos a salir del sistema, soportar el reproche y la vergüenza que tanto sufrió y cargó Jesucristo mismo, y ser rechazados por los hombres*".[lv]

Charles Spurgeon escribe:

> Sería una cosa muy agradable si pudiéramos agradar a los hombres y agradar también a Dios, si pudiéramos realmente hacer lo mejor de ambos mundos, y tener las dulzuras de éste y del otro también. Pero un grito de advertencia surge de las páginas de la Sagrada Escritura, porque la Palabra de Dios habla de manera muy diferente a esto. Habla de un camino recto y estrecho, de que pocos lo encuentran. Habla de persecución, sufrimiento, reproche, y de contender hasta la sangre, luchando contra el pecado; habla de luchar y pelear, de luchar y testificar. No escucho al Señor decir: "*Los envío como ovejas a verdes praderas*", sino "*como ovejas en medio de lobos*" (Mateo 10:16).[lvi]

¿Cuáles son los efectos negativos que has experimentado cuando has elegido agradar a Dios antes que a los demás?

___

¿Cómo te inspiran los ejemplos de Jesús y Moisés?

_____

_____

El mundo nos dice que superemos nuestra complacencia con la gente aumentando nuestra confianza y fe en nosotros mismos. ¿Por qué es imposible superar realmente la complacencia de la gente sin una fe firme en Dios?

_____

_____

_____

_____

Día Cuatro: La Fruta Escondida

"No todo lo que puede contarse cuenta, y no todo lo que cuenta puede contarse"

~ William Bruce Cameron

En casa tenemos la broma de que a mi marido no le gusta la fruta escondida. No quiere morder una rosquilla o un trozo de pan y encontrar trocitos de pasas o manzana. El pastel de frutas es básicamente lo peor que se puede imaginar. No puede entender que alguien no quiera disfrutar de su trozo de tarta y comerse una manzana al lado.

A Dios, en cambio, le encanta la fruta escondida. El usa el concepto de fruta para ilustrar que la fe en El produce resultados, pero estos resultados vienen en muchas formas. Para los que complacen a la gente, a menudo queremos que el fruto sea visible, manzanas rojas y brillantes que cuelgan de las ramas justo a la altura de los ojos.

Jesús habla directamente al corazón de los que complacen a la gente en el Sermón de Las bienaventuranzas. Sugiere la prueba del anonimato para revelar nuestros verdaderos corazones: "***Cuídense de no hacer sus obras de justicia delante de la gente para llamar la atención. Si actúan así, su Padre que está en el cielo no les dará ninguna recompensa.***" (Mateo 6:1, NASB).

¿Ayunas más a menudo de lo que otros saben? ¿Rezas más de lo que la gente cree? Si se revelara la verdadera cantidad de dinero que das a los demás, ¿se sorprendería la gente de que es más de lo que pensaban?

_____

_____

Obviamente esperaríamos que nuestros hermanos y hermanas cristianos supongan lo mejor de nosotros y no se sorprenderían de nuestra rectitud, pero el corazón de estas preguntas es este: ¿Estás haciendo más en secreto de lo que haces públicamente?

Cuando sentimos la necesidad de promocionar nuestros sacrificios, deberíamos preguntarnos por qué no basta con que Dios haya visto lo que hicimos. Vivimos en una época en la que los cristianos temen vivir según una mentalidad de obras y, sin embargo, a menudo se esfuerzan por complacer a los que les rodean. Tememos la mentalidad de tratar de ganar el amor de Dios, sin embargo tratamos de ganar la aprobación y el respeto de la gente.

Muchas de las Escrituras que hablan de agradar a Dios también mencionan el fruto. Como leímos recientemente, Efesios afirma que el "*fruto de la luz consiste en toda bondad, justicia y verdad*". Colosenses 1:10 nos dice que debemos "*vivir una vida digna del Señor y agradarle en todo: dando fruto en toda buena obra.*"

Para una persona orientada a los resultados, este mandamiento puede implicar que debemos producir resultados visibles con cada buen trabajo que hacemos. Cuando no tenemos un "currículum espiritual" impresionante al que hacer referencia, podemos sentir que no estamos trabajando lo suficiente para Dios o temer que los demás crean que esto es cierto. A menudo puedo espiritualizar mi manera de agradar a la gente, interpretando el "fruto" que caracteriza a un discípulo como resultados que toda persona que conozco debería fácilmente identificar y reconocer. Tener la convicción de agradar a Dios no debería llevarnos a este tipo de perfeccionismo basado en la culpa y en el rendimiento, que nunca nos deja sentirnos seguros en nuestra relación con nuestro Señor.

¿Qué resultados buscas en tu vida para demostrar que estás agradando a Dios?

_____

_____

Encierra en un círculo cada uno de los que no son necesariamente perceptibles para los que te rodean. ¿Cómo podrías enfocarte en producir este tipo de fruto?

_____

_____

Dios nos llama a ser "perfectos" o completamente maduros en Cristo (Mateo 5:48). Cualquiera que se tome en serio la responsabilidad de la santidad está obligado a sentir la "presión" de intentar ser piadoso. ¿Cómo debemos responder a esto? ¿Intentando parecer perfectos por fuera y probar nuestra rectitud por nuestras muchas obras notables? La solución de Pablo fue confiar en el Espíritu, no en sus propias fuerzas (2 Corintios 12:19). Se jactaba de sus debilidades y las utilizaba para dar más gloria a Dios.

En toda circunstancia, el objetivo es agradar a Dios, descubrir lo que Él desea de nosotros, refugiarnos en ello y deleitarnos en el sentimiento de saber que Dios está complacido. Pablo da a Timoteo tres analogías para vivir agradando a Dios en 2 Timoteo 2:3-7. Para cada una de ellas escribe una explicación de cómo esta analogía es un paralelo de un cristiano que se esfuerza por agradar a Dios.

- *"Comparte nuestros sufrimientos, como buen soldado de Cristo Jesús. Ningún soldado que quiera agradar a su superior se enreda en cuestiones civiles."*

_____

- *"Así mismo, el atleta no recibe la corona de vencedor si no compite según el reglamento."*

_____

- *"El labrador que trabaja duro tiene derecho a recibir la primera parte de la cosecha."*

_____

Pablo da a Timoteo una intimidante invitación hacia el crecimiento, pero comienza con este pasaje: "Tú, pues, hijo mío, esfuérzate en la gracia que es en Cristo Jesús" (2 Timoteo 2:1). Esta es la clave. Nada de esto puede hacerse con nuestras propias fuerzas.

Tengo que determinar si mis motivaciones están basadas en el miedo y la inseguridad de nunca hacer lo suficiente o nunca sentirme lo suficientemente bueno se basan en mis percepciones de las opiniones de los demás sobre mí, o en mi perspectiva distorsionada de Dios. Cuando hemos cedido a la presión de ganarnos el amor de los demás, podemos proyectarlo en Dios.

Cuando temo quedarme corto, vuelvo a ciertas escrituras. ¿Cómo nos anima cada uno de estos versículos a que si simplemente tenemos el deseo de agradar a Dios, Él puede ayudarnos a hacerlo?

2 Cronicos 16:7-9

___

___

Filipenses 2:13

___

___

Dios puede ayudarnos incluso a desear las cosas que le agradan. ¿Cuándo fue la última vez que oraste para que Dios te diera el deseo de hacer Su voluntad? Dios puede darnos todo lo que necesitamos para agradarle (Hebreos 13:21) si comenzamos con sólo el deseo de serlo. Puedes tomar la decisión ahora mismo de que quieres agradar a Dios, no a ti mismo o a otros a tu alrededor, y Dios te dará todo lo que necesitas.

___

___

___

Día Cinco: La Gloria de Dios

Tuyos son, SEÑOR, la grandeza y el poder, la gloria, la victoria y la majestad. Tuyo es todo cuanto hay en el cielo y en la tierra. Tuyo también es el reino y estás por encima de todo.

~ 1 Crónicas 29:11

En una ocasión, en una de las charlas sobre la Biblia en la universidad, se nos pidió a un grupo que pensáramos en qué película personificaba nuestras vidas como cristianos y que explicáramos por qué. Los hombres, por supuesto, eligieron películas heroicas como Braveheart para describir su camino con Dios. Algunas mujeres eligieron historias de amor. A mí me vino a la mente la película Apolo 13.

El Apolo 13, lanzado en 1970, fue la tercera misión tripulada enviada a la Luna. Después de otras dos misiones exitosas, la gloria de los viajes espaciales había crecido mientras que el peligro se estaba olvidando un poco. Algunos incluso lo consideraban rutinario. En la película, vemos la desilusión de uno de los astronautas que no pudo unirse a la tripulación debido a un brote de sarampión. Estos hombres querían su oportunidad de alcanzar la gloria y la fama. El piloto de la misión, James Lovell, había soñado toda su vida con que toda América le viera caminar sobre la Luna.

Sin embargo, antes de llegar a su destino, un tanque de oxígeno explota y la única misión de la tripulación se convierte en regresar a la Tierra con vida. A través de una serie de pruebas y con el equipo de la NASA trabajando furiosamente para ayudarles desde tierra, Lovell los regresa a casa. Lo que había empezado como una emocionante aventura que les reportaría elogios y honor se convirtió en una lucha por sus vidas. Una vez que se dieron cuenta de la gravedad de su situación, no podían preocuparse menos por la reputación o la cobertura reportera. Sólo querían llegar a casa, en la condición que fuera.

He pasado por este tipo de transición en mi caminar con Dios. A veces mi corazón se ha puesto en la alabanza y el honor y la gloria del hombre, pero cuando humildemente reconozco mi situación ante Dios - mi naturaleza pecaminosa depravada que continuamente me aleja de Dios - todo lo que quiero hacer es llegar a Casa. No me importa si logro las grandes hazañas que soñé o si alguien recuerda mi nombre; sólo quiero estar en el Cielo algún día.

Esta es la misma motivación a la que Pablo llama a los discípulos de Tesalónica en varias ocasiones a tener en sus dos cartas. En 2 Tesalonicenses 2:14, los anima a "alcanzar la gloria de nuestro Señor Jesucristo".(NBLA) ¿Cuál es la diferencia entre crear tu propia gloria y simplemente recibir la gloria que ya está en Jesús?

Este es el tema de toda la primera carta. Lee 1 Tesalonicenses 2:3-6. Personaliza esta Escritura y escríbela a continuación:

_____

_____

Dios escudriña nuestros corazones (Romanos 8:27) y, tras examinarnos, nos refina. Zacarías 7:5 revela que a Dios le importa más por qué hacemos las cosas que lo que hacemos. Le pregunta a Su pueblo: "*¿Realmente ayunabas por Mí?*". Más adelante en 13:9, Su proceso de purificación para Su pueblo es descrito como el de refinar metales preciosos. Dios le dice a los que permanecen y desean tener una relación con Él: "Y meteré la tercera parte en el fuego, Los refinaré como se refina la plata, Y los probaré como se prueba el oro. Invocarán Mi nombre, Y Yo les responderé; Diré: "*Ellos son Mi pueblo*", Y ellos dirán: "*El Señor es mi Dios*"»."

Existe una anécdota popular que cuenta que una mujer intentaba comprender lo que la Biblia quería decir con un versículo parecido al que dice, "*Se sentará como fundidor y purificador de plata;*" (Malachi 3:3):

La mujer llamó a un platero y pidió cita para verle trabajar. No mencionó nada sobre el motivo de su interés por la plata, más allá de su curiosidad por el proceso de refinado de la plata. Mientras observaba al platero, éste ponía un trozo de plata sobre el fuego y lo calentaba. Le explicó que, para refinar la plata, había que mantenerla en el centro del fuego, donde las llamas eran más calientes, para quemar todas las impurezas.

La mujer pensó en que Dios nos mantiene en un punto tan caliente - entonces pensó de nuevo en el versículo, que Él se sienta como refinador y purificador de la plata. Le preguntó al platero si era cierto que tenía que estar sentado frente al fuego todo el tiempo mientras refinaba la plata. El hombre respondió que sí, que no sólo tenía que sentarse allí sosteniendo la plata, sino que tenía que mantener los ojos fijos en la plata todo el tiempo que estaba en el fuego. Porque si se dejaba la plata en las llamas aunque sólo fuera un momento de lo necesario, esta se destruiría.

La mujer guardó silencio por un momento. Luego preguntó al platero: "*¿Cómo sabes cuándo la plata está totalmente refinada?*". Él le sonrió y contestó: "*Oh, eso es lo fácil: cuando veo mi imagen reflejada en ella.*"[vii]

Creo que para eliminar de nuestros corazones las impurezas de complacer a la gente, Dios nos pondrá en circunstancias en las que debemos enfrentarnos a esta naturaleza esencial y elegir complacerlo a Él en su lugar. Reflexiona sobre tu propia vida. ¿Qué situaciones han revelado y puesto a prueba tu naturaleza complaciente?

_____

_____

Sólo mediante la refinación por el fuego reflejaremos la imagen y la gloria de Dios. La Biblia nos dice que debemos preocuparnos por nuestra reputación (1 Timoteo 3:2 y 7), pero podemos equivocarnos al invertir el orden de nuestras preocupaciones. Si me preocupo por mi reputación por encima de la pureza de mi corazón, caeré presa de mis tendencias de complacer a la gente. Si me enfoco en permitir que Dios purifique mi corazón primero, los resultados que esto produce deberían llevarme a una reputación sin mancha.

A menudo puedo justificar mi complacencia con la gente pensando que quiero representar a Dios de manera que gane el respeto de los demás. Sin embargo, cuando examino el número de incidencias en las que Dios permitió situaciones que parecieran poco respetables para los de fuera con el fin de mostrar Su gloria, me pregunto cuánto le importa esto a Dios. Él permitió que una virgen diera a luz a Su Hijo. Si yo fuera María me hubiera preguntado por qué Dios permitiría que la sociedad asumiera que había pecado, pero Dios estaba enfocado en la gloria del milagro, no en la percepción común de la sociedad.

Piensa en tu reputación. Escribe cómo crees que una persona normal describiría tu carácter. Si esto depende del entorno en el que conoces a la persona, escribe las múltiples versiones.

_____

_____

Por desgracia, en mi primer año de universidad habría tenido que escribir seis o siete párrafos. Vivía como un camaleón con una personalidad diferente que mostraba a mi familia, a mis compañeros de clase y a los profesores en las clases de nivel superior o de honores, a los amigos con los que salía de fiesta y a los pocos amigos o conocidos con los que a veces asistía a la iglesia o al estudio de la Biblia o a los que buscaba para hacer alguna pregunta espiritual. La conversación que condujo a mi conversión a Cristo comenzó en realidad con un claro ejemplo de esto. Caminaba por la acera fumando un cigarrillo cuando un par de estudiantes empezaron a hablar conmigo. Llevaba el cigarrillo a un lado, pero cuando mencionaron la palabra "iglesia", me lo llevé a la espalda. Hoy bromeamos sobre lo evidente que era el rastro de humo que salía de detrás de mi cabeza mientras intentaba interpretar el papel de creyente dulce y sana en nuestra conversación. Afortunadamente, dejé de actuar poco después, cuando pasé tiempo con verdaderos seguidores de Cristo y vi la autenticidad de sus vidas.

Una vez, en un retiro, hicimos un ejercicio en el que escribimos nuestras propias eulogias. Puede parecer un poco mórbido, pero es útil ver cómo nos gustaría que fuera nuestra reputación en comparación con lo que creemos que ya es. Lo más alentador fue juntarnos con otros para leerlos en voz alta y oír que, en su mayoría, nuestras hermanas en Cristo creían que esas descripciones ya eran exactas. Tendemos a ser mucho más duros con nosotros mismos que los demás.

A continuación, escribe el elogio que te gustaría que se leyera sobre ti. Describe a la mujer que deseas ser.

_____

_____

Día Seis: Simplifique

"De todas las voces que me llaman, elegiré escuchar y creer en la voz de la verdad."

~ Casting Crowns

"Algunas personas encuentran fallos como si hubiera una recompensa por hacerlo"

~ Zig Ziglar

Lee Miqueas 6:8. Escribe aquí el versículo:

_____

_____

Cuando me derrumbo bajo el peso de las expectativas que pesan sobre mí -ya sean las que me imponen los demás o las que me impongo yo misma-, me gusta simplificar lo que realmente se espera de mí. Cuando descubrí Miqueas 6:8, me alegré muchísimo. Si hubiera podido sentarme cara a cara con Dios y hacerle una lista de preguntas, una de ellas seguramente hubiera sido: *"¿Qué exactamente esperas de mí?"*. Y ahí estaba en blanco y negro: una respuesta a la pregunta de qué exige Dios.

Pensarás que estoy loca por encontrar esto reconfortante. Básicamente son objetivos inalcanzables y, por lo tanto, una forma más de presionarme para ser perfecta, quedarme corta y sentirme culpable como siempre. Pero me encanta que no sea una lista de tareas. No es un logro específico que deba señalar o que los demás puedan mirar y juzgar. No importa si tengo un día lleno de actividades planeadas o si me paso todo el día en pijama cuidando a un niño enfermo: cualquier día de mi vida, todos los días de mi vida, puedo volver a esta sencilla lista y saber que puedo complacer a Dios con mi vida ese día. Puedo elegir hacer lo correcto en cualquier situación en la que me encuentre. Puedo amar a quienquiera que esté a mi alrededor ese día. Puedo mirar humildemente a Dios en busca de respuestas, someterme a Su plan para mí y confiar en Su fuerza para guiarme. Aunque sé que no lograré alcanzar estos atributos, encuentro consuelo en la simplificación de mi propósito.

Para cada uno de los puntos de esta lista, escribe primero una definición de lo que significa para ti. A continuación, escribe una manera de vivir así cada día.

1. Obrar con justicia.

Definición: (es decir, amar lo que es justo).

_____

_____

En mi vida:

___

___

2. Amar la misericordia.

Definición:

___

___

En mi vida:

___

___

3. Caminar humildemente con Dios.

Definición:

___

___

En mi vida:

___

___

Otra forma de simplificar es permitirme escuchar sólo las voces que son verdaderas y útiles. Una canción inspiradora sobre este tema es "*Voice of Truth*" de Casting Crowns. Otra canción alentadora es "*Words*" de Hawk Nelson:

Me han hecho sentir prisionero
Me han hecho sentir libre
Me han hecho sentir como un criminal
Me han hecho sentir como un rey
Han elevado mi corazón
A lugares donde nunca había estado
Y me han arrastrado hacia abajo
De vuelta a donde empecé

Las palabras pueden construirte
Las palabras pueden derribarte
Encender un fuego en tu corazón o apagarlo.[lviii]

La idea de esta canción es que debemos usar nuestras palabras para glorificar a Dios, pero también me recuerda lo insignificantes que son las palabras y opiniones de los que nos rodean. Permitimos que nuestra autoestima fluctúe tanto en función de comentarios positivos o negativos al azar, a veces de personas que apenas nos conocen o que no conocen a Dios en absoluto. Recibo un elogio por algo que he hecho, y me siento muy bien. Luego alguien me critica, y soy la escoria de la tierra. Obviamente debemos preocuparnos por los sentimientos de todos en cuanto a cómo nuestras acciones les afectan, pero ¿debería importarnos el punto de vista de alguien sobre nuestras acciones cuando a ellos no les importa lo que le agrada a Dios? Cuando salimos de la montaña rusa de emociones basadas en las palabras y opiniones de otros, podemos enfocarnos firmemente en la naturaleza inmutable de Dios y Su amor por nosotros.

Me gustaría terminar con un sentimiento expresado por muchas personas en sus últimos días en la tierra. En un artículo escrito por una enfermera de un centro de cuidados paliativos de Inglaterra, se enumeran los principales remordimientos de sus pacientes tal y como ella los ha descrito. El lamento más común que ha oído es: "*Ojalá hubiera tenido el valor de vivir una vida fiel a mí misma, no la vida que los demás esperaban de mí*".

Escribe: "*Cuando la gente se da cuenta de que su vida está a punto de terminar y mira hacia atrás con claridad, es fácil ver cuántos sueños se han quedado sin cumplir. La mayoría de la gente no había cumplido ni la mitad de sus sueños y tuvo que morir sabiendo que se debía a decisiones que había tomado, o no había tomado*".[lix]

Vive al máximo como Dios lo ha determinado para ti. Una vida que complace a Dios es una vida que que satisface nuestras almas cuando realmente encontramos nuestra identidad y seguridad en Dios solamente.

Día Siete: Revisión Semanal

Recita el versículo para memorizar.

Libro de la Biblia

_____

_____

¿Qué agrada a Dios?

_____

_____

_____

¿Qué has aprendido esta semana estudiando este libro de la Biblia?

_____

_____

_____

Tomando todo lo que has aprendido en estas ocho semanas y considerando cómo te gustaría transformarte en una mujer que vive para agradar a Dios más que a la gente, ¿cómo serás la nueva tú? ¿Cómo actuarás y te sentirás? ¿Cómo serán tus relaciones?

_____

_____

_____

_____

[i] Eldredge, John. Salvaje de Corazón/Wild at Heart: Descubramos el secreto del alma masculina. Nashville: Thomas Nelson, 2001. 97.

[ii] Prensa Intervarsity. *Bible Gateway*, "Ejemplo negativo: Ananías y Safira," https://www.biblegateway.com/resources/commentaries/IVP-NT/Acts/Negative-Example-Ananias. 10 de agosto de 2015.

[iii] Bible Hub, "Pulpit Commentary." http://biblehub.com/matthew/23-27.htm/pulpit. July 15, 2015.

[iv] Jenks, William. The Comprehensive Commentary on the Bible. Nabu Press: Charleston, SC, 2010. 246.

[v] Weidner, Robin. Secure in Heart: Overcoming Insecurity in a Woman's Life. Spring Hill, TN: Discipleship Publications International, 2010. 53.

[vi] Twain, Mark. "Corn-Pone Opinions," http://paulgraham.com/cornpone.html. March 3, 2015.

[vii] BST. "5 Verses You Thought Were in the Bible… But Aren't." http://www.biblestudytools.com/blogs/inside-bst/

[viii] Freeman, James. Manners and Customs of the Bible. http://bibletruthpublishers.com/manners-and-customs-of-the-bible/lbd23559. 2014.

[ix] Corriher, Shirley. "Yeast's Crucial Role in Bread Baking." http://www.finecooking.com/articles/yeast-role-bread-baking.aspx?pg=1. Aug. 2, 2015.

[x] Grant, S. "Top 10 Instances of Mob Mentality," http://listverse.com/2013/07/28/top-10-instances-of-mob-mentality/. July 28, 2013.

[xi] Oikle, Jennifer. "8 Signs You're About to Cheat." *Huffington Post*. http://www.huffingtonpost.com/2012/06/06/emotional-affair_n_1574502.html. June 6, 2012.

[xii] Foster, Richard. *Celebration of Discipline*. Harper Collins Publishers: San Francisco, 1988. 96.

[xiii] Bercot, David. *The Dictionary of Early Christian Beliefs*. Hendrickson Publishers: Peabody, MA, 1998. 698.

[xiv] Sparknotes. "No Fear Shakespeare." http://nfs.sparknotes.com/merchant/page_90.html. Viewed July 6, 2015.

[xv] "The Most Beautiful Girl in the World." Women Daily Magazine. http://www.womendailymagazine.com/beautiful-girl-world-kristina-pimenova/ 16 April, 2014.

[xvi] "Amish: Out of Order." National Geographic. http://channel.nationalgeographic.com/channel/amish-out-of-order/articles/amish-out-of-order-facts/. 10 April 2012.

[xvii] Sieczkowski, Cavan. "Ukranian Living Doll." International Business Times. http://www.ibtimes.com/reporters/cavan-sieczkowski. July 6, 2015.

[xviii] Bercot, 170.

[xix] "Vain." The Free Dictionary. http://www.thefreedictionary.com/vanity. Aug. 1, 2015.

[xx] "Superficial." The Free Dictionary. http://www.thefreedictionary.com/superficial. Aug. 1, 2015.

[xxi] Mychaskiw, Marianne. "Report: Women Spend an Average of $15,000 on Make-up in Their Lifetimes." InStyle. http://www.instyle.com/beauty/15-under-15-best-bargain-beauty-products. July 3, 2015.

[xxii] Stein, Joel. "Nip. Tuck. Or Else. Why You'll be Getting Cosmetic Procedures Even if You Don't Really Want To." Time. June 29, 2015. 42-43.

[xxiii] Stein, 46.

[xxiv] Wortham, Amanda. "A Living Sacrifice: The Beauty of a Body Broken for Others." CAPC. http://christandpopculture.com/a-living-sacrifice-the-beauty-of-a-body-broken-for-others/. July 9, 2015.

xxv Harris, Sarah. "Facebook and Twitter are Creating a Vain Generation." http://www.dailymail.co.uk/sciencetech/article-2020378/Facebook-Twitter-creating-vain-generation-self-obsessed-people.html - comments. July 30, 2011.

xxvi Vartanian, Hrag. "How Many Photos do Americans Take a Year?" *Hypoallergic*. http://hyperallergic.com/48765/how-many-photos-do-americans-take-a-year/. March 21, 2012. Viewed July 1, 2015.

xxvii Vartanian.

xxviii Stein, 46.

xxix "Narcissistic Personality Disorder Symptoms." PsychCentral. http://psychcentral.com/disorders/narcissistic-personality-disorder-symptoms/. March 20, 2015.

xxx Stein, 44.

xxxi Stein, 44.

xxxii Huff, Ethan. "The United States of Plastic Surgery." Natural News. http://www.naturalnews.com/040164_plastic_surgery_breast_augmentation_Botox.html. May 2, 2013. Viewed March 20, 2015.

xxxiii Stein, 47.

xxxiv Stein, 46.

xxxv YWCA. "Beauty at Any Cost." http://www.ywca.org.beauyatanycost.pdf. 2008. Viewed January 2015.

xxxvi Pflum, Mary. "Body Dysmorphic Disorder Makes Sufferers Believe They are Hideous." ABC News. http://abcnews.go.com/Health/vain-body-dysmorphic-disorder/story?id=14523946. Sept 15, 2011. Viewed January 12, 2015.

xxxvii Magazine Publishers of America. "Top 100 Magazines." http://nyjobsource.com/magazines.html. Viewed January 12, 2015.

xxxviii Tuttle, Brad. "6 Totally Unromantic Truths about Valentine's Day Spending." Money. http://time.com/money/3699604/valentines-day-spending-history-truth/. February 9, 2015. Viewed May 20, 2015.

xxxix Shah, Anup. "Poverty Facts and Stats." Global Issues. http://www.globalissues.org/article/26/poverty-facts-and-stats. Jan 7, 2013. Viewed July 6, 2015.

xl "Ambition." Dictionary.com. http://dictionary.reference.com/browse/ambition. Viewed July 6, 2015.

xli Stanford News Service. "How People Choose Careers." http://news.stanford.edu/pr/91/910528Arc1355.html. May 28, 1991. Viewed July 20, 2015.

xlii Gordon, Claire. "People Choose Higher-Paying Jobs over Happiness." AOL Jobs. http://jobs.aol.com/articles/2011/08/26. Aug 26, 2011. Viewed July 20, 2015.

xliii Foster, Richard. Celebration of Discipline. Harper Collins Publishers: San Francisco, 1988. 176.

xliv.Ahab and Micaiah." Bible Hub. http://biblehub.com/library/maclaren/expositions_of_holy_scripture_f/ahab_and_micaiah.htm. Viewed March 20, 2015.

xlv Bercot, 425.

xlvi Downs, Tim and Joy. Fight Fair: Winning at Conflict Without Losing at Love. Moody Publishers: Chicago, 2010. 29.

xlvii Downs, 30.

xlviii Worth, Tammy. "Why Women Cheat." WebMD. http:/www.wbmd.com/women/features/why-do-women-cheat. June 20, 2015.

xlix Weidner, 117.

l Eccles, Louise. "The Guilty-all-the-time Generation." Daily Mail. http//www.dailymail.co.uk/femail/article-1342075/The-guilty-time-generation-How-96-women-feel-ashamed-day.html. Dec 28, 2010. Viewed March 6, 2015.

li Cloud, Henry and John Townsend. Boundaries: When to Say, How to Say No, to Take Control of Your Life. Zondervan: Grand Rapids, MI, 2014.

lii Giles, Kimberly. Choosing Clarity: The Path to Fearlessness. Thomas Noble Books: Wilmington, DE, 2014.

liii Romans 2:15." Matthew Henry Commentary. http/biblehub.com/commentaries/romans/2-15.htm. Viewed June 20, 2015.

liv Keller, Timothy. The Freedom of Self Forgetfulness: The Path to True Christian Joy. 10 Publishing: Farington, Lancashire, 2012.

lv Hebrews 13:12-14 Comentario. "http:preceptaustin.org/hebrews_1312-14.htm. Visto Mar 6, 2015.

lvi Spurgeon, Charles. "Let Us Go Forth!" http://www.gracegems.org/spurgeon/let_us_go_forth.htm. Viewed July 6, 2015.

lvii "The Refiner's Touch. http://www.clarion-call.org/extras/malachi.htm. Viewed August 15, 2015.

lviii "Hawk Nelson Lyrics." http://www.azlyrics/hawknelson/words.html. Viewed August 5, 2015.

lix Ware, Bronnie. "Nurse Reveals Top Regrets People Make on their Deathbeds." True Activist. http://www.trueactivist.com/nurse-reveals-the-top-5-regrets-people-make-on-their-deathbed/. Nov 27, 2013. Viewed Mar 6, 2015.

Made in the USA
Middletown, DE
12 August 2024

58691544R00106